MÉNAGE LITERÁRIO
LITERARY MÉNAGE
MÉNAGE LITERARIO

MÉNAGE LITERÁRIO
LITERARY MÉNAGE
MÉNAGE LITERARIO

Conto | Short Story | Cuento
Jacques Fux

Filme e Ensaio crítico | Film and Critical Essay | Película y Estudio crítico
Rodrigo Lopes de Barros

© Relicário Edições
© Jacques Fux e Rodrigo Lopes de Barros
O conto "Ménage à trois" foi publicado originalmente na *Revista Bula*, no ano de 2016.

Dados Internacionais de Catalogação na Publicação (CIP) de acordo com ISBD

F996m   Fux, Jacques
    Ménage Literário, Literary Ménage, Ménage Literario / Jacques
Fux, Rodrigo Lopes de Barros. - Belo Horizonte, MG : Relicário, 2020.
    132 p. ; 18cm x 16cm.
    Inclui índice e bibliografia.
    ISBN: 978-65-86279-01-6
    1. Literatura brasileira. 2. Contos. 3. Teoria e crítica literária.
I.Barros, Rodrigo Lopes de. II. Título.

CDD 869.909
CDU 821.134.3(81).09

2020-453

Elaborado por Odilio Hilario Moreira Junior – CRB-8/9949

Coordenação editorial Maíra Nassif Passos
Capa e diagramação Caroline Gischewski
Revisão Lucas Morais

Relicário Edições
Rua Machado, 155, casa 1, Colégio Batista
Belo Horizonte, MG, 31110-080
relicarioedicoes.com | contato@relicarioedicoes.com

ÍNDICE | CONTENTS | ÍNDICE

JACQUES FUX

9   **Ménage à trois** [Português]
13   **Ménage à Trois** [English]
17   **Ménage à trois** [Español]

RODRIGO LOPES DE BARROS

23   **Jacques Fux, um Pierre Menard tropical** [Português]
55   **Jacques Fux, a Tropical Pierre Menard** [English]
87   **Jacques Fux, un Pierre Menard tropical** [Español]

121   FILME | FILM | PELÍCULA

123   AUTORES | AUTHORS | AUTORES

JACQUES FUX

MÉNAGE À TROIS

A moça do meu "bom dia" surge. Sozinha. *À une passante*. Num ímpeto de ansiedade, quase me levanto para conversar com ela. Recalco inteiramente meus desejos. Se eu me relacionasse com ela, todo o meu argumento literário se dissiparia. Acalmo meu coração e minha mente. Ela veste uma saia jeans e uma camisa branca. Biquíni preto por baixo da roupa. Cabelos presos. Dormiu bem. Muito bem. Parece relaxada e tranquila. Gozou? Ela não me olha. Não me vê. Está com uma máquina fotográfica ao seu lado. É uma máquina profissional. Possui um zoom gigante. Fotógrafa. Busca a própria beleza refletida no olhar dos outros. Ou apenas a morte. A minha morte de prazer? "A fotografia é uma testemunha, mas é uma testemunha do que já não existe. Um flerte com a morte". Ela come uma deliciosa tapioca com queijo e presunto. *Déjeuner du matin*. Toma um pouco de suco de laranja. Bebe uma xícara de café com leite. Minha reinventada musa do poema de Prévert.

Ela, minutos depois, não resiste aos prazeres do doce e decide comer um churro. Um churro, meu Deus! Subo aos céus. Uma linda mulher comendo churros é verdadeiramente uma experiência religiosa. Uma reconciliação do ser humano com o fato de possuir um corpo, que não só é capaz de causar dor, mas de vislumbrar momentos de prazer fugazmente intensos. Sonho. Emociono-me com sua boca. Com seus lábios carnosos. Com a possibilidade de ter e dar prazer com a simples fricção de sua língua. Sinto um tesão incomum. Ela segura esse objeto-desejo com a mão direita, apertando delicadamente o churro com quatro de seus dedos. Apenas o seu dedo mínimo não está em contato direto com o seu objeto de cobiça momentâneo (como eu queria que ela estivesse me acariciando).

Ela busca a melhor forma para dar a primeira mordida enquanto admira a imperfeição imponente do doce que vai abocanhar. Vira o rosto para o lado direito e para o lado esquerdo. Abre levemente os grandes lábios. Ai! No limiar do contato desse néctar com sua língua, ela fecha inconscientemente os olhos. Quer viver a sua religiosa, deleitosa e egoísta experiência de gozo sem a apreensão visual. Apenas com a memória fálica.

Ela dá a primeira mordida no churro de chocolate. O chocolate escorre pelos seus dedos, pela sua boca, pelos seus lábios. Ela, em sobressalto, abre os olhos e esboça surpresa e admiração diante de sua obra. Diante da mordida pecaminosa. Diante do deleite do chocolate. "Come chocolates pequena suja. Come chocolates". Ela sente um misto de perplexidade e encanto. Passa rapidamente, e com imensa destreza, a língua ao redor dos seus lábios para que o chocolate deixe de escorrer. Lambe urgentemente os dedos, a palma da mão, as unhas. Troca, ansiosa, o churro de mão para lamber o resto do chocolate que insiste em derramar pelo seu braço. Corrige a bagunça que fez com pequenas lambidinhas. Respira fundo, sorri, se acalma.

Seu corpo anseia por mais um pedaço de prazer. Por mais um momento de delírio trepidante. Por mais metafísica. Ela, excitada, dá mais uma apetitosa mordida e sou eu também que sinto prazer. Uma vontade excessiva de me lambuzar, de me emporcalhar, de me regozijar com ela e com o churro. Ménage à trois. Ela lambisca o doce empanzinando-se de prazer, de endorfina, de sedução. E eu rezo solenemente. Oro por mim e por todos os *voyeurs*. Não vejo mais sentido algum para vida. Para a literatura. Para a minha doença. Não me questiono mais sobre filosofia alguma. Somente a sinto penetrar e percorrer o meu corpo. Estou diante do Sublime e da Beleza, e não consigo suportar essas sensações. Choro. Sou um mendigo. Não consigo mais ver o espetáculo que ela, e minhas invenções, me apresentam. Levanto ereto, mirando os céus. Sinto a existência do Brahma. Olhar e desejar assim, tão de perto, ainda que ela seja inacessível, corrompe. Maltrata. Vislumbro o meu pobre gozo. Mendicante, dirijo-me loucamente para o meu quarto. Para meu banheiro. Onã, o pequeno porco. "Weeshwashtkissima pooishthnapoohuck!" Gozo para me reconciliar com a ficção da moça do meu "bom dia".

MÉNAGE À TROIS

Translated by Vanessa Munford

My "good morning" girl appears. Alone. *À une passante*. In a rush of anxiety, I almost get up to talk to her. I repress the desire. If I were to get involved with her, my whole literary argument would dissipate. I calm my heart and my mind. She is wearing a denim skirt and a white shirt, with a black bikini under her clothes. Her hair is pulled back. She slept well, really well. She appears relaxed, peaceful. Has she just come? She doesn't look at me. She doesn't see me. She has a camera next to her. It's a professional one with a huge zoom lens. She's a photographer, searching for her own beauty, reflected in the eyes of others. Or only death. Is it my death from pleasure? "A photo is a witness, but it's a witness of something that no longer exists. It's a flirt with death." She eats a delicious tapioca wrap with cheese and ham. *Déjeuner du matin*. She has a sip of orange juice. She drinks a cup of coffee. My reinvented muse from Prévert's poem.

Minutes later, she can't resist the sweet temptation and decides to eat a churro. My God, a churro! I'm on cloud nine. A beautiful woman eating a churro is truly a religious experience. It is human beings' reconciliation with the fact of having a body that is not only capable of causing pain but also of glimpsing fleetingly intense moments of pleasure. I'm daydreaming. I get excited by her mouth. By her plump lips. With the possibility of her feeling and giving pleasure with a simple flick of her tongue. I feel unusually horny. She is holding the object of desire with her right hand, delicately squeezing the churro with four of her fingers. Only her little finger is not in direct contact with her object of momentary desire. How I wish it were me she was caressing.

She looks for the best way to take the first bite whilst admiring the grand imperfection of the sweet treat she is going to bite into. She turns her face to the left and to the right. She opens her great lips slightly. Oh! About to feel the nectar on her tongue, she unconsciously closes her eyes. She wants to feel the religious, delightful, selfish experience of coming without visual apprehension. Only with the phallic memory.

She takes the first bite of the chocolate churro. The chocolate runs down her fingers, her mouth, and her lips. With a jolt, she opens her eyes and shows a look of surprise and admiration at her work. At the sinful bite. At the chocolate delight. "Eat your chocolates, little girl, eat, dirty little girl, eat." She feels a mixture of confusion and delight. With great dexterity, she quickly passes her tongue around her lips to stop the chocolate from running. She urgently licks her fingers, the palm of her hand, her nails. Anxiously, she shifts the churro from one hand to the other to lick the chocolate that keeps on dripping down her arm. She cleans up the mess she made with little licks. She takes a deep breath, smiles, and calms down.

Her body longs for another bite of pleasure. For another moment of rapid delirium. For more metaphysics. Excited, she takes another tempting bite, and I, too, feel pleasure. An excessive desire to smear myself, to smother myself, to fill myself with her and her churro. *Ménage à trois*. She licks the sweet treat, stuffing herself with pleasure, endorphins, and seduction. And I solemnly pray. I pray for me and all the other voyeurs. I don't see the point in life anymore. In literature. In my illness. I no longer ask myself any type of philosophical question. I only feel it penetrate and run through my body. I am faced with the Sublime and the Beautiful, and I can't support these feelings. I cry. I am a nobody. I can no longer watch the spectacle that she and my inventions present. I stand up erect and look up at the sky. I feel the existence of Brahma. Watching and desiring in this way, so close, when she is still inaccessible, spoils everything. It's mistreatment. I visualize my pitiful ejaculation. Like a beggar, I rush to my room. To my bathroom. Onan, the little pig. "Weeshwashtkissima pooishthnapoohuck!" I come to reconcile myself with the fiction of the "good morning" girl.

MÉNAGE À TROIS

Versión de Melissa Boëchat

Surge la chica de mi "buen día". Sola. *À une passante*. En una oleada de ansiedad casi me levanto para hablar con ella. Reprimo por completo mis deseos. Si llegara a relacionarme con ella se disiparía toda mi argumentación literaria. Calmo mi corazón y mi mente. Ella lleva una falda vaquera y una camisa blanca. Biquini negro por debajo de la ropa. Una coleta. Ha dormido bien. Muy bien. Parece relajada y tranquila. ¿Se corrió? Ella no me mira. Ella no me ve. Tiene una cámara a su lado. Es una máquina profesional. Cuenta con un zoom gigante. Fotógrafa. Busca la propia belleza reflejada en la mirada ajena. O simplemente la muerte. ¿Mi muerte por placer? "La fotografía es un testigo, pero un testigo de lo que ya no existe. Un flirteo con la muerte". Ella se come una deliciosa tortilla de tapioca con queso y jamón. *Déjeuner du matin*. Toma un poco de jugo de naranja. Una taza de café. Mi musa reinventada del poema de Prévert.

Minutos más tarde, ella no puede resistirse a los dulces placeres y decide comerse un churro. Un churro, ¡Dios mío! Me subo a los cielos. Una hermosa mujer comiendo churros es verdaderamente una experiencia religiosa. Una reconciliación del ser humano con el hecho de poseer un cuerpo que no solo es capaz de causar dolor, sino de vislumbrar momentos fugazmente intensos de placer. Sueño. Su boca me emociona. Sus labios voluptuosos. Con la posibilidad de tener y regalar placer al simple roce de su lengua. Siento una tiesura inusual. Ella sostiene este objeto-deseo con la mano derecha, apretando suavemente el churro con cuatro de sus dedos. Solo su dedo meñique no está en contacto directo con el objeto momentáneo de deseo (¡cómo me gustaría que me acariciara!).

Busca la mejor manera de tomar el primer bocado mientras contempla la imperfección del dulce imponente que va a morder. Vuelve el rostro a la derecha y a la izquierda. Abre ligeramente los labios mayores. ¡Ay! En el límite del contacto del néctar con su lengua, inconscientemente ella cierra los ojos. Quiere vivir su religiosa, deliciosa y egoísta experiencia de disfrute sin la aprehensión visual. Solo la memoria fálica.

Ella muerde el primer bocado del churro de chocolate. El chocolate se le escurre por sus dedos, por su boca, sus labios. En un sobresalto, ella abre los ojos y tiene un atisbo de sorpresa y admiración por su obra. Ante la mordida pecaminosa. Por el deleite del chocolate. "¡Come chocolate, pequeña sucia! ¡Come chocolate!" Ella siente una mezcla de asombro y encanto. Pasa rápidamente, y con gran destreza, la lengua por sus labios, de manera que el chocolate ya no se le escurra. Se lame con urgencia los dedos, la palma de las manos, las uñas. Cambia, ansiosamente, el churro de una a otra mano para lamerse el resto de chocolate que insiste en pasear por su brazo. Corrige el desorden hecho con pequeñas lamiditas. Respira profundamente, sonríe, se calma.

Su cuerpo desea otra pieza de placer. Otro momento de delirio trémulo. Desea más metafísica. Una vez más, con excitación, toma otro bocado apetitoso y soy yo el que siente placer. Unas ganas tremendas de embadurnarme, ensuciarme, de regocijarme con ella y el churro. *Ménage à trois*. Ella mordisquea el dulce llenándose de placer, de endorfina, de seducción. Y yo rezo solemnemente. Rezo por mí y por todos los *voyeurs*. Ya no veo ningún sentido a la vida. A la literatura. Ningún sentido a mi enfermedad. Ya no me cuestiono acerca de cualquier filosofía. Solo la siento penetrar y pasar por todo mi cuerpo. Me presento ante lo Sublime y la Belleza, y ya no puedo soportar estos sentimientos. Lloro. Soy un mendigo. Ya no puedo ver el espectáculo que ella y mis invenciones me muestran. Me paro, contemplando los cielos. Siento la existencia de Brahma. Mirar y desear así, de tan cerca, aunque ella sea inaccesible, corrompe. Maltrata. Vislumbro mi pobre corrida. Mendicante, vuelvo locamente a mi habitación. Para mi cuarto de baño. Onán, el cerdito. "Weeshwashtkissima pooishthnapoohuck!" Me corro para reconciliarme con la ficción de la chica de mi "buen día".

RODRIGO LOPES DE BARROS

JACQUES FUX, UM PIERRE MENARD TROPICAL

"Toda a literatura que presta é intertextual, ou seja, incorpora e modifica, em maior ou menor grau, textos anteriores", pondera o escritor Reinaldo Santos Neves, autor da trilogia A folha de hera *– ampliação de um outro livro de Reinaldo,* A crônica de Malemort, *um autoplágio, diria a viúva de Borges.*

(Fragmento de uma reportagem de Leandro Reis sobre um plágio ou experimento, empreendido por Pablo Katchadjian, a partir do conto "O Aleph" de Borges)[1]

[Bom gosto é] ajustar-se a um padrão que reconhecidamente não ofenderá o ser humano médio—moralmente, sexualmente, visualmente.

(Uma pessoa anônima e comum, teorizando sobre o bom gosto)[2]

---

1   Reis, "Recriação de Borges abre debate".
2   Woodward & Emmison, "From Aesthetic Principles to Collective Sentiments", 312.

Fica claro que a apropriação, a imitação, a citação, a alusão, e a colaboração sublimada consistem num tipo de sine qua non *da arte criativa, atravessando todas as formas e gêneros dentro do mundo da produção cultural.*

(Jonathan Lethem plagiando Kembrew McLeod)[3]

A tarefa de um diretor de cinema é muitas vezes subverter o que lhe é presenteado, como um mau hóspede que muda sorrateiramente a disposição de objetivos decorativos na casa onde o hospedam. Quando recebi o convite de Maria Eduarda de Carvalho e Jacques Fux para transformar em filme o conto "Ménage à trois", fiz dois pedidos que, a meu ver, poderiam levar a coisa mais adiante do que uma simples tentativa de repetição audiovisual. Não sei se no fim das contas cheguei a executar uma subversão, mas acredito que o saldo deve dar aos espectadores e às espectadoras mais pano pra manga. Primeiramente, desejava hibridi-

---

3   Lethem, "The Ecstasy of Influence", 61.

zar o projeto, ou seja, que o objetivo final ficasse entre a ficção e o documentário, num limiar. Eu deveria designar o filme como obra documental e, em seguida, encontrar o olhar atônito das pessoas, as quais assim não o considerariam, e vice-versa. A peça cinematográfica resultante, intitulada *Ménage literário: uma investigação sobre a escrita de Jacques Fux*, teria também de constituir uma pesquisa audiovisual sobre o método criativo que está por trás de um conto que, à primeira vista, aborda um tema demasiado mundano, indigno de maiores elucubrações. Seria um conto a ser abandonado aos escombros da história, se Jacques não escondesse no texto pequenas armadilhas para leitores e leitoras. No conto, estão entrincheirados fragmentos de outros autores, todos canônicos. Mas essas inserções de obras de terceiros não estão acompanhadas de referências claras e determinantes. Não há bibliografia ou notas de pé de página. Não se indica a quem pertencem as passagens que, por meio da voz do narrador, entram em diálogo com aquela mulher observada, com a própria personalidade do *voyeur* que a espia, e com aquele objeto fálico que irradia o seu encanto sobre ambos.

Em segundo lugar, pedi que a própria personagem do conto, que seria interpretada por Maria Eduarda, também coprodutora do filme, se colocasse a entrevistar Jacques. Ou seja, a atriz seguiria incorporando a personagem e Jacques entraria no filme como ele mesmo, numa *performance* de si, e responderia às perguntas elaboradas por Maria Eduarda sem a minha interferência. Isso cumpre as funções da tomada de voz pela mulher, rompendo com o que poderia ser criticado como a sua total objetificação, e inverte os lugares da ficção e do documentário: causei a documentarização de um ente fictício e a ficcionalização do escritor real. Durante as rodagens, acabei pedindo que se perguntasse mais uma ou outra coisa que me pareceu relevante à conversa e à elucidação de alguns aspectos da obra de Jacques para uma audiência mais abrangente, mas foi só. Em grande medida, me "voyeurizei". Afinal, era eu quem carregava a câmera, filmava os atores e o escritor, os quais desempenhavam os papéis que lhes cabiam. Eu falava pouco, muito pouco. Decidi seguir uma linha de direção mais similar à de Woody Allen: cada um fazendo o seu trabalho, com interferências mínimas. O processo de requisição e instrução da música para a trilha sonora, elaborada por João Verbo, parece ter permanecido também sob algo de uma atmosfera alleniana, pois não é à toa que buscamos criar uma peça jazzística. Mas essa minha pouca intervenção no trabalho alheio foi possível graças à qualidade técnica dos envolvidos. Gustavo Machado, por exemplo, precisou de apenas uma tomada para acertar a narração. Fez de primeira, deixando Jacques e eu atônitos. Gravamos mais tomadas da sua voz. Foi, porém, mais por precaução e para ter um leque de escolhas na edição do que por real necessidade. Poderíamos ter ficado apenas com a primeira versão mesmo.

Com a inclusão de uma entrevista no filme, fato que não consta obviamente no conto, ele deixa de ser um *ménage à trois stricto sensu*. Ou seja, não é mais uma história sobre um simples arranjo sexual entre uma tríade de envolvidos, que no conto tem um caráter até homoerótico: alguém poderia argumentar que o desejo do narrador está tão ou mais ligado ao objeto fálico em contato com a mulher, isto é, ao churro, do que à pessoa observada. E vejam que o narrador, em outros momentos, fixa-se em mais e diferentes elementos pontiagudos ou cilíndricos relacionados à personagem feminina: temos o tamanho da lente fotográfica que ela carrega e também o seu penteado, esse último perdido no filme, mas que no conto está provavelmente preso em rabo de cavalo. Com a entrevista, a peça audiovisual passa a ser um *ménage à trois lato sensu*: o arranjo triplo é elevado ao campo da metáfora, ao reino do literário. Pode-se dizer então que o *ménage* voyeurístico se dá entre Jacques (um ser humano que anda entre nós) e as suas duas personagens. No filme, quando a câmera os enquadra de cima, em preto e branco – uma câmera de segurança, um voyeurismo que nos incomoda a todos –, os três estão lá, fechando o triângulo. Jacques posteriormente comentou comigo como foi observar, em carne e osso, as suas personagens em ação:

O mote para o conto foi um episódio que presenciei. Porém, ao escrever o texto, o eu-escritor entrou em cena: com os registros da memória, com o entrelaçamento da literatura e dos sentimentos, e com o hipertexto pessoal, concebi um conto de ficção exaltando o acontecimento 'banal'. Posteriormente, quando essa pequena trama foi filmada – e participei como autor, ator e plateia – o registro se transformou. Eu me senti dentro de um quadro que eu mesmo havia pintado, mas que me era completamente estranho. Como escritor, eu tenho controle total sobre o texto – apesar de não ter controle nenhum sobre a recepção –, mas, como participante e espectador do filme-texto, tudo se transforma. Há mais vida, enquanto o texto se dilui. A mulher que come o churro – inspiração inicial e traição na hora da escrita – toma forma e sentido, e interpreta algo que não imaginava. Os personagens 'reais' colocam seus sentimentos e suas impressões do texto e da direção da cena, e isso transforma completamente o conto e as minhas ideias sobre ele. [...] Quando ela [a cena] estava sendo filmada, quando ela estava sendo concebida, eu ficava pensando assim: 'mas não é nada disso que eu imaginei'. [...] Enfim, no primeiro instante, existe essa traição, sim.[4]

---

4   Fux, Correspondência com o autor, agosto de 2019.

Então, não apenas eu me senti e fui de fato um traidor. Jacques já havia experimentado essa sensação ao transpor a cena da vida cotidiana para o campo do ficcional. Ao mesmo tempo, ele percebe que não domina as formas de como a cena será performada tanto por mim quanto pelos atores. Toda adaptação é, portanto, uma fuga em maior ou menor grau desse domínio do autor sobre a performance de sua própria obra. Vejam também que Jacques se viu às vezes como um "ator", enquanto para mim ele nunca deixou de ser o escritor do conto. É verdade que ele pode ter se sentido como parte de uma triangulação com os atores. Talvez tenha sofrido o efeito câmera. Porém, mais interessante seria dizer que, quando eu o trago para dentro do filme, estabelece-se uma transformação qualitativa em termos de triangulação. Ela passa a se dar também entre Jacques, o seu próprio texto e os escritores apropriados sorrateiramente por ele: Carlos Drummond de Andrade, Charles Baudelaire, David Foster Wallace, Jacques Prévert, James Joyce, Susan Sontag, Roland Barthes. Tudo isso numa historieta de poucas páginas.

Jorge Luis Borges, em seu conhecido conto "Pierre Menard, autor do Quixote", nos coloca em situações que podemos retomar para seguir com o raciocínio sobre a obra de Jacques. Lá, Menard deseja reescrever o clássico da língua espanhola em sua exatidão a partir do seu lugar na contemporaneidade, o que não significa produzir "um Quixote contemporâneo":

> Quem insinua que Menard dedicou sua vida a escrever um Quixote contemporâneo, calunia a sua clara memória. Não queria ele compor outro *Quixote* – o que seria fácil – mas *o Quixote*. Inútil agregar que não encarou nunca uma transcrição mecânica do original: não se propunha a copiá-lo. Sua admirável ambição era produzir páginas que coincidissem – palavra por palavra e linha por linha – com as de Miguel de Cervantes.[5]

---

5   Borges, "Pierre Menard, autor del Quijote", 19.

Podemos falar de Jacques em termos parecidos com os que o narrador de Borges usa para dirigir-se a Menard. Ambos, Jacques e Menard, teriam "uma obra *visível*" e "a outra: a subterrânea".[6] No caso de Jacques, a obra subterrânea se dá pelo processo de coletar e se apropriar de trechos alheios e os enterrar no meio de suas próprias palavras, criando uma colcha de retalhos, elaborando novas histórias a partir dos fragmentos artisticamente roubados. Como já inferido, esses extratos devem ser então desvendados pela erudição dos leitores e leitoras sem muita ajuda do autor-narrador do texto. É por isso que, no filme *Ménage literário*, busquei trazer os ditos originais à tona literalmente com as minhas próprias mãos, que aparecem folheando livros abertos na mesa de minha sala de estar, ou com minha tela de computador, no caso das palavras paridas a princípio por Wallace. Já mais para o final do filme, essas mesmas mãos rasgam a folha de rosto do *Ulisses* de Joyce para dar lugar a outra página, em que o título do livro se vê então transfigu-

---

6   Borges, "Pierre Menard, autor del Quijote", 19.

rado naquele escolhido por Jacques para o seu conto: "Ménage à trois". Evidentemente que Jacques não pretende chegar a (re)produzir com total exatidão o todo (ou ao menos parte significante) de uma produção anterior de Joyce, Drummond de Andrade ou Sontag, o que o diferencia de Menard. Tampouco quer ele simplesmente copiar o original em sua integridade ou mesmo escrever outra versão de um texto de Baudelaire (algo que poderíamos supor à primeira vista). Em minha opinião, o que quer Jacques é ressignificar aqueles pequenos fragmentos a partir de acontecimentos de sua própria vida para mostrar como podem adquirir um diferente sentido aplicados a outro contexto, o contexto dos trópicos. Jacques é um leitor absoluto: daqueles que não admitem que a obra da qual desfruta não guie e se incorpore nas suas ações do dia a dia ou na sua memória dos acontecimentos passados.[7] Utilizamos, por

---

7   Silviano Santiago, em seu ensaio "O entre-lugar no discurso latino-americano", que integra o livro *Uma literatura nos trópicos*, parte de "Pierre Menard, autor do Quixote" para argumentar que "o escritor latino-americano é o devorador de livros" (25). Algo para manter-se em mente, não apenas agora, mas também quando, mais adiante, afirmarei que Jacques é um canibal literário.

exemplo, uma técnica do narrador de Borges quando então compara uma mesma passagem escrita por Cervantes e depois igualmente reescrita por Menard: "É uma revelação cotejar o Dom Quixote de Menard com o de Cervantes" – escreve o narrador de Borges.[8] Bem, é uma revelação cotejar a "experiência religiosa" de Wallace com a de Jacques:

'[...] [it] is human beings' reconciliation with the fact of having a body [...]'.
David Foster Wallace, 2006.[9]

'Uma reconciliação do ser humano com o fato de possuir um corpo [...]'.
Jacques Fux, 2016.[10]

Ambos lidam com o espetáculo, mas de formas diferentes. Wallace está inserido no mundo dominado pelo show, isto é, pelo espetáculo em sua versão mais recente, o que exige uma participação voluntária,

8   Borges, "Pierre Menard, autor del Quijote", 21.
9   Wallace, "Roger Federer as Religious Experience".
10   Fux, "Ménage à trois".

muitas vezes em regozijo, do espectador.[11] É o que podemos ver em sua crônica "Roger Federer como experiência religiosa", onde fica evidente a paixão de Wallace pelo jogo de tênis, que o leva a se alucinar com as partidas. Porém, exatamente aqui, o show/espetáculo não aparenta ser nocivo, não se trata de uma forma de dominação puramente: mas o escritor estadunidense sempre alerta para o fato de que as partidas devem ser vistas preferencialmente em pessoa e não mediadas pela televisão. Seria o jogo de tênis como narrado por Wallace, encarnado em seu esplendor na magistral performance de Roger Federer, um antídoto à sociedade do espetáculo, ou, pelo menos, aquilo que escapa ao controle total? Em caso afirmativo, teríamos, numa era cada vez mais telemática, essa "reconciliação do ser humano com o fato de possuir um corpo". Já no que tange a Jacques, aquela mesma frase nos leva

---

11   Para uma atualização do conceito de espetáculo cunhado por Guy Debord e que teria se transformado, nos dias de hoje, de espetáculo em show, ver: Cuenca, *El Norte tampoco existe*; a ligação geral entre o pensamento de Wallace e uma crítica ao espetáculo/show foi sugerida por Susan Mizruchi durante a sua arguição e comentários acerca da tese de doutorado de Daniel Cuenca.

ao terreno do espetáculo como escândalo, pois trata-se de nada mais, nada menos do que um homem observando voyeuristicamente uma mulher, erotizando-a em plena segunda década do século XXI. São tempos que logo viriam a hospedar o cume das políticas identitárias que desejam, algumas, suplantar, outras, se igualar ou, pelo menos, complementar a luta de classes. É a mulher comendo o churro que faz o homem encontrar a "reconciliação do ser humano com o fato de possuir um corpo", quando o mais sensato seria buscar a neutralidade de gênero ou pelo menos uma inversão de papéis. Estaria Jacques à procura de um escândalo? Estaria eu tentando fugir de um escândalo ao colocar Jacques no final do filme comendo, ele mesmo, churros pela Cidade do México? Mas tal escândalo poderia ver-se, na verdade, como duplo. Além do tema do conto, a crítica, o leitor e a leitora, a opinião pública ou a massa internauta acabaria ou acabará também por questionar os métodos do escritor real, em especial aquele do plágio literário. Na melhor das hipóteses, ou na pior delas dependendo da perspectiva, esse questionamento renderia um imbróglio do nível causado pela viúva de Borges, María Kodama, que processou o escritor Pablo Katchadjian, seu conterrâneo. Ele intencionalmente havia decidido reescrever o conto "O Aleph", reproduzindo palavra por palavra a obra de Borges e adindo outras.[12] Sobre a relação entre escândalo e literatura, Jacques me disse, em correspondência:

> Quando publiquei o meu primeiro livro de ficção, *Antiterapias*, por se tratar de uma autoficção, romanceei algumas partes da minha criação como um jovem judeu na diáspora em uma cidade com uma comunidade [judaica] bem pequena. Em cada capítulo do livro, uso 'regras oulipianas' e uma delas é associar a vida do protagonista a alguma obra canônica. Ao falar sobre os 'círculos do inferno' de Dante, coloquei alguns 'personagens' nesses círculos. Algumas pessoas acabaram por se reconhecer e o 'escândalo' teve início. Xerocaram umas páginas do livro e

---

12   Reis, "Recriação de Borges abre debate"; ver também: Oquendo B., "Pablo Katchadjian, el escritor argentino enjuiciado por haber 'engordado' con 5.600 palabras 'El Aleph', una de las grandes obras de Jorge Luis Borges".

distribuíram na Sinagoga, pedindo minha cabeça. Foi a primeira vez que me dei conta do 'poder' da ficção. Após esse livro, mesmo tentando escapar da classificação de 'autoficção', os leitores tentam sempre descobrir o que é 'verdadeiro' e o que é 'falso' no que escrevo. Hoje em dia, com a intimidade sendo exposta e revelada, com o 'lugar de fala' sendo levado aos limites, alguns temas da literatura se tornam 'espetáculo'. Expor figuras públicas, revelar intimidades, 'basear-se em fatos reais' atrai a atenção da mídia. Eu ainda continuo fazendo a literatura que acredito: com as questões intertextuais, com um apuro da linguagem, com uma seriedade teórica; mas, confesso, temo sempre a superexposição e o escândalo. E, por temer isso, crio um performer literário. O 'Jacques' quando fala de seus livros é um 'outro', é o escritor atuando – poucos conhecem de fato a minha intimidade.[13]

Se teme o escândalo, Jacques parece ter uma grande atração à vertigem. Necessita caminhar se equilibrando à beira do abismo. Se fosse

---

13   Fux, Correspondência com o autor, agosto de 2019.

um acadêmico conformista, deveria ter ojeriza ao método que ignora as normas estabelecidas por entidades de controle, ainda que no fim das contas seus textos teóricos sejam referenciados. Jacques é um duplo: seu lado *scholar* segue publicando com anotações bibliográficas, mas, como escritor (de ficção), ele às vezes ignora o bom senso e o bom gosto – para fazer menção às linhas de Adriana Calcanhotto.[14] "Ménage à trois" não se guia por nenhum dos dois ponteiros de etiqueta ou ética: é um conto que se aventura pelo lado oposto ao da fineza, é quase gutural (aspecto que se sobressaiu na interpretação de Maria Eduarda no filme), ainda que erótico. Nesse sentido, o próprio conto é subversivo ou, ainda, antiespetacular. Ian Woodward e Michael Emmison argumentam que "o gosto é amplamente definido pelas pessoas [comuns] como uma estratégia para gerenciar as relações com os outros, e como um modo de autodisciplina que se baseia no domínio de vários princípios gerais que são recursos para as pessoas posicionarem seus próprios gostos dentro de uma esfera social ima-

---

14   Calcanhotto, "Senhas."

ginada".[15] Será, então, que o mau gosto abraçado e franco (o eufêmico "banal" do conto) e uma postura que pode ser vista como contrariando sem muito pudor uma pretensa ética (como no caso dos plágios literários de Jacques Fux) são uma posição no fundo política? Por que escolheu Jacques estar aparentemente em dessincronia escancarada com o "'tempo' da [sua] era"?[16] Estaria ele realmente em dessincronia? Qual é a declaração que pretende fazer Jacques ao se deixar levar pelo dito mau gosto e insensatez ao retratar uma mulher sendo observada ao comer desesperadamente um churro de chocolate ao mesmo tempo em que se apropria da obra de outros autores? Sobre a pergunta se a

---

15 Woodward & Emmison, "From aesthetic principles to collective sentiments", 295.

16 "Em sua investigação sobre a história das maneiras, Nobert Elias ilustra como modos emergentes de refinamento de gosto estão ligados com modos cada vez mais diferenciados de autocontrole. [...] Inclinações momentâneas são assim suprimidas, à medida que as pessoas adaptam o seu comportamento ao que elas percebem como sendo o 'tempo' da era" (Woodward & Emmison, "From aesthetic principles to collective sentiments", 311).

sua obra busca questionar algum valor político ou social, Jacques me respondeu citando os seus romances:

Acredito que sim. O *Nobel* é uma crítica às instituições de uma forma geral. Alude ao conto 'Um Relatório para a Academia', de Kafka, em que um macaco faz um discurso para os acadêmicos. Tanto o conto quanto o discurso apresentado têm muito a dizer sobre a natureza humana, sobre a relação do homem com o sistema que o oprime e o sufoca. O narrador, agraciado com o Prêmio Nobel de Literatura, afirma que devotou a vida à transfiguração do seu eu, real e biográfico, em um eu ficcional e ventríloquo da memória e da obra dos outros. *Meshugá* busca recuperar os mitos e as lendas acerca da loucura judaica. Várias teses alemãs versam sobre uma maior frequência de doenças mentais entre os judeus. De acordo com algumas teorias médicas e históricas, os judeus seriam mais propensos à loucura por serem incestuosos, tarados sexuais, obsessivos e espalharem doenças como a sífilis. Fui atrás de 'personagens' reais que poderiam corroborar com essas teorias, visando ironizá-las e desconstruí-las. Há uma crítica ao olhar perverso e odioso do outro e como acabamos por introjetá-lo, emergindo, assim, o auto-ódio. Em *Brochadas*, há uma crítica à 'estética' e 'mitificação' da história e dos 'ídolos'. Todos somos falhos, fracassamos, e nossas vidas não são assim, tão nobres. O personagem do *Brochadas* fracassa, é impotente e encara de frente (e mole) essa questão. Além disso, o livro expõe o lado machista do homem que atribui à mulher o seu fracasso sexual – e isso é discutido, já que as cartas das ex-namoradas dirigidas a esse degradado narrador-personagem dão uma punhalada a toda estrutura falocêntrica da humanidade. Em *Antiterapias*, há uma crítica, uma apologia e uma discussão profunda sobre cultura judaica e acerca das questões diaspóricas, antes exclusivas de alguns povos, hoje sendo um evento bem comum e que merece grande atenção.[17]

---

17   Fux, Correspondência com o autor, agosto de 2019.

Se nos restringirmos à trama do conto "Ménage à trois", poderíamos dizer que a crítica presente no texto gira ao redor, entre outros temas, da contestação da propriedade privada e dos direitos autorais, da singularidade dentro da literatura, da falta de risco e de um respeito demasiado às leis e regras, e do "monopólio do uso".[18] É isso o que nos interessa aqui, ou foi pelo menos o que me interessou como cineasta e crítico, ainda que tais aspectos não sejam exclusividade desse conto específico quando considerada a obra mais ampla de Jacques. Porém, em "Ménage à trois", tais questões estão bastante concentradas, com muitos e importantes autores sendo apropriados em um curto espaço de tempo. É como um *tour de force* da apropriação. Temos uma avalanche de influências. Mas Jacques não sofre do que alguns chamam de "criptomnésia", o roubo inconsciente.[19] Ao contrário, suas atitudes são deliberadas e ele até se dispõe a comentar sobre elas, sobre o seu método, como o fez no caso do filme *Ménage literário*, com tranquili-

---

18   Sobre essa última expressão, ver: Lethem, "The Ecstasy of Influence", 64.
19   Ver: Lethem, "The Ecstasy of Influence", 59.

dade. Seria esse o seu verdadeiro eu ou estaria ele atuando, como dá a entender nas respostas que me proporcionou acima? Daí aquela frase complicada que abre o filme que dirigi. Nunca pude me convencer totalmente sobre se era uma coisa ou outra. Contudo, essa "avalanche" que trago aqui como metáfora, devo confessar, é um gancho para que fôssemos ao texto de Jonathan Lethem, intitulado "O êxtase da influência: um plágio". Nele, o autor estadunidense cria uma colcha de retalhos, apropriando-se das palavras de outros para construir uma crítica à ideia de originalidade nas artes e na literatura. Mas contestar um mito, ainda seguindo as ideias de Lethem, é sempre algo mais difícil do que parece, exige contrapor-se a esquemas estabelecidos que geram reconhecimento moral e até econômico. O gesto de Jacques é, antes de tudo, um ato de coragem, não apenas um ato sem maiores consequências, pois, como explica Lethem por meio de seu texto-colagem: "o plágio e a pirataria (...) são os monstros que nós artistas em exercício somos ensinados a temer, uma vez que eles vagam pelas matas que rodeiam nossas minúsculas reservas de respeito e remuneração".[20]

Em resumo, Jacques está inserido num processo de tropicalização do conhecimento. Para alguns de nós, frutos de uma nação periférica e subdesenvolvida, é um alento ver um escritor navegar com tanta irreverência pelos clássicos dos outros. Trata-se de uma atitude, em certo sentido, antropofágica: diríamos que Jacques é um autêntico canibal literário.[21] Vejam que a grande maioria dos autores dos quais ele

---

20   Lethem, "The Ecstasy of Influence", 63.

21   Segundo Silviano Santiago, "uma assimilação inquieta e insubordinada, antropófaga, é semelhante à que fazem há muito tempo os escritores de uma cultura dominada por uma outra: suas leituras se explicam pela busca de um texto escrevível, texto que pode incitá-los ao trabalho, servir-lhes de modelo na organização de sua própria escritura [...] [que] é pois estabelecida a partir de um compromisso feroz com o *déjà-dit*, o já-dito, para empregar uma expressão recentemente cunhada por Michel Foucault na análise de *Bouvard et Pécuchet*, de Gustave Flaubert. Precisemos: com o já-escrito. [...] O leitor, transformado em autor, tenta surpreender o modelo original em suas limitações, suas fraquezas, em suas

se apropria não são brasileiros ou latino-americanos, circulam a partir de uma autoridade baseada no Primeiro Mundo. Ao colocar esses autores em outro contexto, num contexto até certo ponto iconoclasta (não nos esqueçamos de que no fim das contas o que temos em seu relato é uma mulher sendo observada comendo um churro), aqueles autores se tornam mais leves e, em certo sentido, mais acessíveis para nós. Os trechos dos quais ele se apropria podem agora ser considerados mais bem ou mal escritos, mais ou menos profundos, dependendo da pessoa que os lê. De todos os modos, Jacques se abre a uma nova possibilidade: à reciclagem, ao reaproveitamento, que são importantes artes do Terceiro Mundo. Vejam o labor incansável dos nossos catadores de papel. Ademais, "os que vêm em segundo lugar podem fazer um trabalho muito melhor com a ideia original do que o seu origina-

---

lacunas, desarticula-o e o rearticula de acordo com suas intenções, segundo sua própria direção ideológica, sua visão do tema apresentado de início pelo original. [...] O escritor latino-americano brinca com os signos de um outro escritor, de uma outra obra" (Santiago, "O entre-lugar no discurso latino-americano", 20-21).

dor".[22] E o material dos catadores de papel se tornam os livros das cartoneiras, confirmando na prática aspectos da frase anterior.

Mas, voltando a Jacques, ele também questiona, intencionalmente ou não, a ideia da necessidade da criação de novas vanguardas, de novos movimentos que desejem reinventar o já muitas vezes reinventado; não vejo em sua obra um manifesto; é como se todas as questões da existência e da literatura já tivessem sido abordadas em outro momento, por outro autor, em outro texto, e o único necessário fosse recompor o quebra-cabeças do já versado, do já estudado, do já publicado.[23] Te-

---

22   Lethem, "The Ecstasy of Influence", 63.

23   Nesse sentido, escreve Lethem se apropriando das palavras de Steve Fuller: "Artistas e intelectuais desanimados a respeito dos prospectos quanto à originalidade podem se animar com um fenômeno identificado ao redor de vinte anos atrás por Don Swanson, um biblioteconomista da Universidade de Chicago. Ele o chamou de 'conhecimento público não-descoberto'. Swanson mostrou que problemas vigentes na pesquisa médica podem ser significantemente abordados, ou talvez até resolvidos, simplesmente ao se investigar sistematicamente a literatura científica. Abandonada aos seus próprios mecanismos, a pesquisa tende a

mos uma mulher comendo um churro, mas ainda que o objeto a ser degustado não tenha exatamente aparecido antes como tal, aquele gesto pode remeter a um poema de outro autor, a uma frase de um romance clássico. Por outro lado, apesar da falta de manifesto, e ao mesmo tempo e paradoxalmente, Jacques não se coloca dentro do processo de

se tornar mais especializada e abstraída dos problemas do mundo real que a motivaram e para os quais ela permanece relevante. Isso sugere que tal problema pode ser efetivamente enfrentado não pelo comissionamento de mais pesquisas, mas ao assumir que a maior parte ou toda a solução já pode ser encontrada em vários periódicos científicos, esperando para ser montada por alguém disposto a ler diferentes especialidades. [...] Nosso apetite por vitalidade criativa requer a violência ou a exasperação de outra vanguarda, com os seus cansativos imperativos de matar o pai, ou poderíamos estar melhor ao ratificar o êxtase da influência – e ao aprofundar nossa disposição para entender o que é comum e atemporal nos métodos e motivos disponíveis para os artistas?" (Lethem, "The Ecstasy of Influence", 67) (ênfase na fonte); essa falta de manifesto que observo na obra de Jacques parece ser uma característica da arte contemporânea: "como dito pelo filósofo Arthur Danto, à situação em que nos encontramos não há mais regras definidas a serem seguidas ou manifestos a serem defendidos na produção artística, fazendo o pastiche ser realmente uma característica da arte pós-moderna" (Miranda Barros, "Pastiche versus plágio na literatura").

criação de uma nova vanguarda? Uma vanguarda que não está paralisada pela ideia de remixar, de trazer para a literatura uma ferramenta da música, que faz com que a própria literatura retome o seu lugar de arte do seu tempo. Por exemplo: num escândalo de fato, a escritora alemã Helene Hegemann foi pega inserindo trechos alheios em seu romance de estreia. Como defesa, ela se posicionou com a seguinte frase: "De toda forma, não há tal coisa como a originalidade, apenas a autenticidade".[24] Marcelo Vinicius Miranda Barros traz à tona uma série de escândalos ou quase escândalos literários do que chama preferencialmente de pastiche, incluindo o de Hegemann, e relembra o caso da escritora brasileira Ana Miranda, que foi acusada, no início dos anos 1990, de copiar trechos do Padre Antônio Vieira. Ela se defendeu di-

---

24   Kulish, "Author, 17, Says It's 'Mixing,' Not Plagiarism"; essa frase, juntamente com a citação da notícia de autoria de Kulish, também foi utilizada em: Lopes de Barros, *The Artist among Ruins*, 55; Miranda Barros cita essa frase em outra tradução (realizada desde o alemão por Marcelo Backes): "A originalidade de qualquer modo não existe, apenas a genuinidade" (Miranda Barros, "Pastiche versus plágio na literatura") (Graf, "A literatura nas fronteiras do copyright").

zendo: "Quando eu escrevo com as minhas palavras, não tem sentido por entre aspas. Senão o livro seria cheio de notas, cada coisa é um detalhe. Não é um trabalho científico, é um trabalho ficcional".[25]

Estaria Jacques, então, apenas plagiando o ato plagiador de Ana Miranda? Seria Jacques não um escritor, digamos, verdadeiro, mas apenas um personagem de escritor que se apresenta nas feiras literárias, nos programas de televisão e a este cineasta, construindo a sua própria história de vida como um romance baseado ou copiado de experiências alheias? Em outras palavras: Jacques é uma invenção de escritor que escreve copiando outros escritores? E quais seriam então "as fronteiras entre o fato e a ficção" dentro da história de vida e das histórias de livro de Jacques? – algo que tentei timidamente explorar em *Ménage literário*, sem a profundidade do ex-professor do MIT, Joe Gibbons, fonte das palavras – entre aspas – certa vez utilizadas para

---

25   Miranda Barros, "Pastiche versus plágio na literatura".

definir a sua própria obra e cujo "ato performático" foi roubar um banco, o que o levou a ser trancafiado pelo sistema judiciário estadunidense por um bom tempo.[26] Concluo também paradoxalmente. Ainda que o tema do conto possa parecer, a alguém mais engajado com questões identitárias, um pouco fora de lugar, seus métodos são atualíssimos, e o filme, no fim das contas, com a ajuda do próprio Jacques, equilibra as coisas na questão identitária. Quem quiser, pode e deve também se deliciar com o escritor (?) saboreando seus churros sem medo ou piedade. Lá está ele: entre a vanguarda e a não vanguarda, entre a ficção e o documentário, entre o lugar-comum e o escandaloso, que sempre emerge em maior ou menor grau do erótico e do fora da lei.[27]

---

26   Remnick, "Filmmaker Joe Gibbons Gets a Year in Prison for a Robbery He Called Performance Art".

27   Esta última sentença é um pastiche do último parágrafo do ensaio de Silviano Santiago, "O entre-lugar no discurso latino-americano" (26).

REFERÊNCIAS

Borges, Jorge Luis. "Pierre Menard, autor del Quijote". In *Ficciones*. Caracas: Biblioteca Ayacucho, 1986.

Calcanhotto, Adriana. "Senhas". Pista A1 in *Senhas*. São Paulo: Sony Music, gravado em 1992. Vinil.

Cuenca, Daniel. *El Norte tampoco existe: First-and-Third-World as Show (Essays on the Epistemology of the Spectacle from Guy Debord, Santiago Álvarez, Gregory Nava and Arthur Tuoto, 1965-2016)*. Tese de Doutorado, Boston University, 2019.

Fux, Jacques. "Ménage à trois". *Revista Bula*, 2016, https://www.revistabula.com/6655-menage-a-trois/.

_____. Correspondência com o autor, agosto de 2019.

Graf, Jürgen. "A literatura nas fronteiras do copyright". Tradução de Marcelo Backes. *Humboldt,* 2010, http://www.goethe.de/wis/bib/prj/hmb/the/154/pt6571975.htm.

Kulish, Nicholas. "Author, 17, Says It's 'Mixing,' Not Plagiarism". *New York Times*, 11 de fevereiro de 2010, https://www.nytimes.com/2010/02/12/world/europe/12germany.html.

Lethem, Jonathan. "The Ecstasy of Influence: A Plagiarism". *Harper's Magazine*, fevereiro de 2007, 59-71, https://archive.harpers.org/2007/02/pdf/HarpersMagazine-2007-02-0081387.pdf.

Lopes de Barros, Rodrigo. *The Artist among Ruins: Connecting Catastrophes in Brazilian and Cuban Cinema, Painting, Sculpture and Literature*. Tese de doutorado, UT Austin, 2013, http://hdl.handle.net/2152/33413.

Miranda Barros, Marcelo Vinicius. "Pastiche versus plágio na literatura". *Revista Sísifo*, v. 1, n. 1 (Maio: 2015), http://www.revistasisifo.com/p/revista-sisifo-feira-de-santana-v.html.

Oquendo B., Catalina. "Pablo Katchadjian, el escritor argentino enjuiciado por haber 'engordado' con 5.600 palabras 'El Aleph', una de las grandes obras de Jorge Luis Borges". *BBC*, 30 de novembro de 2016, https://www.bbc.com/mundo/noticias-38145698.

Reis, Leandro. "Recriação de Borges abre debate". *Gazeta Online*, 13 de julho de 2015, https://www.gazetaonline.com.br/entretenimento/famosos/2015/07/recriacao-de-borges-abre-debate-1013902439.html.

Remnick, Noah. "Filmmaker Joe Gibbons Gets a Year in Prison for a Robbery He Called Performance Art". *New York Times*, 13 de julho de 2015, https://www.nytimes.com/2015/07/14/nyregion/filmmaker-joe-gibbons-gets-a-year-in-prison-for-a-robbery-he-called-performance-art.html.

Santiago, Silviano. "O entre-lugar no discurso latino-americano". In *Uma literatura nos trópicos: ensaios sobre dependência cultural*. Rio de Janeiro: Rocco, 2000.

Wallace, David Foster. "Roger Federer as Religious Experience". *New York Times*, 20 de agosto de 2006, https://www.nytimes.com/2006/08/20/sports/playmagazine/20federer.html.

Woodward, Ian & Michael Emmison. "From Aesthetic Principles to Collective Sentiments: The Logics of Everyday Judgements of Taste". *Poetics*, v. 29, n. 6 (Dezembro: 2001): 295-316, https://doi.org/10.1016/S0304-422X(00)00035-8.

JACQUES FUX, A TROPICAL PIERRE MENARD

The writer Reinaldo Santos Neves considers that "all the literature that matters is intertextual, that is to say, it incorporates and modifies, to a greater or lesser extent, previous texts." He is the author of the trilogy A Folha de Hera—*an expansion of another book of his,* A Crônica de Malemort: *a self-plagiarism, that is what Borges' widow would say.*

(Fragment from a news report by Leandro Reis about a plagiarism or experiment undertaken by Pablo Katchadjian using the short story *The Aleph* by Borges)[1]

[Good taste is] conforming to a standard which is recognised that will not offend the average person—morally, sexually, visually.

(An ordinary and anonymous person, theorizing on good taste)[2]

---

1   Reis, "Recriação de Borges abre debate."
2   Woodward & Emmison, "From Aesthetic Principles to Collective Sentiments," 312.

It becomes apparent that appropriation, mimicry, quotation, allusion, and sublimated collaboration consist of a kind of sine qua non *of the creative act, cutting across all forms and genres in the realm of cultural production.*

(Jonathan Lethem plagiarizing Kembrew McLeod)[3]

The task of filmmakers is often to subvert what is presented to them, as if they were a bad guest who sneakily changes the disposition of decorative objects in the house in which one is being received. When I was invited by Maria Eduarda de Carvalho and Jacques Fux to turn the short story *Ménage à Trois* into a film, I made two requests that in my view could take the entire project to a different level. It would not be just a simple attempt at an audiovisual reproduction of a written piece, but I do not know if I was ultimately able to subvert anything. In any case, I believe that the end result should give spectators more ma-

---

3   Lethem, "The Ecstasy of Influence," 61.

terial for discussion. First, I wanted to make the project a hybrid; that is to say, the final product must be somewhere between fiction and documentary, inhabiting a threshold. I would define the film as a documentary and, as a response, would see the bewildered looks on the faces of other people, people who thought the film was actually a work of fiction, and vice versa. The resulting cinematographic piece, titled *Literary Ménage: An Investigation into the Writing of Jacques Fux,* should also be an audiovisual research on the creative method behind a short story that, at first glance, addresses a theme that is too mundane to be worthy of deep speculation. One would most likely abandon the short story to the shadows of history had Fux not hidden in the text small traps for his readers. The short story actually includes fragments from the works of other authors, all of them canonical. However, those insertions of third-party works do not carry clear and decisive credits. There is no bibliography; there are no footnotes. It is not indicated to whom those passages belong. Moreover, through the voice of the narrator, those passages enter into dialogue with the observed woman, with the very personality of the voyeur who spies on her, and with that phallic object that weaves its spell over both of them.

Second, I asked the female character depicted in the short story to interview Fux. The character should be interpreted by Carvalho herself, also the co-producer of the film. In other words, the female actor would continue embodying the character while Fux would appear in the film as himself, in a *performance* of himself, and he would reply to the questions posed by Carvalho without my interference. With this gesture, the woman now has her own voice, breaking with something that could be criticized as her complete objectification. At the same time, it inverts the locus of fiction and documentary. I caused the documentarization of a fictitious being and the fictionalization of a real writer. During the shooting of the film, I ended up asking Carvalho to question Fux about a few more things that seemed relevant to the conversation and to the elucidation of some aspects of Fux's work for a broader audience. But that was it. To a great extent, I *voyeurized* myself. All in all, it was I who held the camera and shot the actors and the writer—actors and a writer who were performing their roles as intended. I did not talk much, just a little. I decided to follow a directing methodology similar to Woody Allen's: Each person does his or her job with minimal interference. The process of requesting and guiding the production of the song for the soundtrack, which was composed by João Verbo, seemed to have also remained under a somewhat Allenian atmosphere. It is not by chance that we sought to create a jazzy piece. However, such an approach of low intervention in the work of others was only possible thanks to the technical quality of those involved. Gustavo Machado, for instance, needed only one take to excellently record the narration— only one take for Fux and I to become amazed. We recorded more takes of his voice. We did so, however, more as a precaution and as a way of having more choices when editing than out of real necessity. We in fact could have walked away with just the first version.

With the inclusion of an interview in the film, something that obviously does not exist in the short story, the piece ceases to be a *ménage à trois sensu stricto*. In other words, it is no longer a story about a mere sexual arrangement among a triad of people, which in the short story even has a homoerotic nature: Someone could argue that the narrator's desire is more (or at least equally) linked to the phallic object in contact with the woman (namely, the churro) than linked only to the observed person. Moreover, it is important to note that the narrator, in other moments, stares at different elements that are pointy or cylindric and are related to the woman. He talks about the size of the photographic lens that she carries and about her hairstyle. This last comment does not appear in the film, but is in the short story, where the woman most likely has a ponytail. With the interview, the audiovisual piece becomes a *ménage à trois sensu lato*: The triple arrangement is elevated to the field of metaphor, to the realm of the literary. One could then say that the voyeuristic *ménage* happens between Fux (a human being who walks among us) and his two characters. In the film, when the camera records them from above in black and white (a security camera representing a voyeurism that troubles us all), they form a triangle below. Fux later described to me the feeling of observing, in the flesh, his characters in action:

The idea for the short story came from an episode I witnessed. However, when writing the text, the writer took the stage: From the records of my memory, from the intertwining between literature and my feelings, and from my personal hypertext, I conceived a fiction short story exalting the 'banal' event. Later, when this small plot was turned into a film in which I participated as an author, actor, and audience, those records became something else. I felt I was in a painting that I myself had painted, but this painting was completely strange to me. As a writer, I have total control over the text, even though I have no control over the reception at all. However, as a participant and spectator of the film/text, everything changes. There is more life, while the text is diluted. The woman who eats the churro (the initial inspiration and someone I betray when I write) takes form and meaning.

> She interprets something I had not imagined. The "real" characters reveal their feelings and their impressions about the text and about the way the scene is being directed, and this completely transforms the short story and my ideas about it.... When ...[the scene] was being shot, when it was being conceived, I thought the following: 'But this is not what I imagined whatsoever.'... In short, at first glance, there is such a betrayal in fact.[4]

Thus, I was not the only one to feel like, and in fact be, a traitor. Fux had already experienced such a sensation by transposing the scene from the everyday life to the fictional realm. At the same time, he realizes he does not control the ways in which the scene will be performed by both me and the actors. Every adaptation is, therefore, an evasion to a greater or a lesser extent from the author's control over the performance of his own work. It is important to note that Fux sometimes saw himself

---

4   Fux, Correspondence with the author, August 2019.

as an "actor," while for me he never ceased to be the writer of the short story. It is true that he could have felt himself a part of the triangle formed with the actors. Perhaps he suffered the camera effect. However, it would be more interesting to say that, when I bring him into the film, a qualitative transformation in terms of possible triangles takes place. There can also be triangles between Fux, his own text, and the writers who are covertly appropriated by him: Carlos Drummond de Andrade, Charles Baudelaire, David Foster Wallace, Jacques Prévert, James Joyce, Susan Sontag, and Roland Barthes—all of those appropriations happening in a small story of a couple of pages.

Jorge Luis Borges, in his famous short story *Pierre Menard, Author of the Quixote,* presents us with situations that we can reuse here to continue with our thinking about Fux's work. In that story, Menard desires to rewrite the Spanish-language classic with exactitude, departing from his place in contemporaneity, though he does not mean to produce "a contemporary *Quixote*":

> Those who have insinuated that Menard dedicated his life to writing a contemporary Quixote calumniate his illustrious memory. He did not want to compose another Quixote —which is easy—but *the Quixote itself*. Needless to say, he never contemplated a mechanical transcription of the original; he did not propose to copy it. His admirable intention was to produce a few pages which would coincide—word for word and line for line—with those of Miguel de Cervantes.[5]

We can discuss Fux in similar terms to those used by Borges' narrator when referring to Menard. Both Fux and Menard would have "the visible work" and the "other work: the subterranean."[6] In the case of Fux, the subterranean work happens as a result of his process of collecting and appropriating someone else's passages and burying them among his own words, creating a patchwork, elaborating new stories from the artistically stolen fragments. As already inferred, those extracts must be

---

5   Borges, "Pierre Menard, Author of the Quixote," 39.
6   Borges, "Pierre Menard, Author of the Quixote," 38.

then unveiled by the readers' erudition without considerable help from the author/narrator of the text. That is the reason why, in the film *Literary Ménage*, I sought to bring to light the so-called originals using my own hands (literally), which appear manipulating open books lying on the table of my living room. I also used the screen of my computer in the case of the words initially written by Wallace. Toward the end of the film, those hands themselves tear the title page of Joyce's *Ulysses* to show what is beneath it: a new title for the book. The old one is transfigured into the phrase chosen by Fux for naming his own short story: *Ménage à Trois*. It is evident that Fux does not want to end up (re)producing with total exactitude the whole (or at least a significant part) of an extant work by Joyce, Drummond de Andrade, or Sontag. That is a difference between Fux and Menard. Neither does he simply want to copy the original in its entirety or even to write another version of a text by Baudelaire (something that we could suppose at first glance). In my opinion, what Fux wants is to resignify those small fragments departing from the events of his own life to show how they can acquire a new meaning when applied to another context, namely that of the tropics. Fux is an absolute reader, like those who do not admit that the enjoyed work does not incorporate itself into (and guide the actions of) everyday life or their memories of past events.[7] Let us use, for instance, a technique employed by Borges' narrator when he compares a passage written by Cervantes and later equally rewritten by Menard: "It is a revelation to compare Menard's *Don Quixote* with Cervantes'," writes Borges' narrator.[8] Well, it is a revelation to compare Wallace's "religious experience" with Fux's:

'...[it] is human beings' reconciliation with the fact of having a body ...' David Foster Wallace, 2006.[9]	*'It is human beings' reconciliation with the fact of having a body...'* Jacques Fux, 2016.[10]

---

7   Silviano Santiago, in his essay "O entre-lugar no discurso latino-americano," which is published in the book *Uma literatura nos trópicos* [*A Literature in the Tropics*], departs from *Pierre Menard, Author of the Quixote* in order to argue that "the Latin-American writer is the devourer of books" (25). This is something to keep in mind, not only now, but also when later I claim that Fux is a literary cannibal.

8   Borges, "Pierre Menard, Author of the Quixote," 43.

9   Wallace, "Roger Federer as Religious Experience."

10   Fux, "Ménage à trois."

Both of them deal with the spectacle, but they do so in different ways. Wallace is within the world dominated by the show, that is to say, by the spectacle in its most recent version, which requires a voluntary participation on the part of the spectator; often, the spectator is even in a position of enjoyment.[11] This is what one can see in his chronicle titled *Roger Federer as Religious Experience,* in which Wallace's passion for tennis becomes evident. He almost hallucinates during the matches that he watches. However, in that piece, the show/spectacle does not appear to be harmful; it is not a pure form of domination. Nevertheless, the American writer always warns that matches should preferably be watched in person and not mediated by television. Would tennis as narrated by Wallace, wonderfully embodied in the masterly performance of Roger Federer, be an antidote to the society of the spectacle,

---

11   For an updating of the concept of spectacle conceived by Guy Debord, spectacle that would have become the show in the present days, see: Cuenca, *El Norte tampoco existe.* The general link between Wallace's thought and a criticism of the spectacle/show was suggested by Susan Mizruchi during the oral examination and comments to Daniel Cuenca's PhD dissertation.

or at least something that escapes total control? If the answer were positive, there would be this "human beings' reconciliation with the fact of having a body" happening in an era that is ever more telematic. As to Fux, that same sentence takes the reader into the realm of the spectacle as scandal, for the short story depicts nothing else than a man voyeuristically observing a woman, eroticizing her in the second decade of the 21st century. Those are times that would soon come to witness the pinnacle of identity politics, which, according to some, should complement, equal, or even surpass class struggle. It is the woman eating a churro who makes the man encounter "human beings' reconciliation with the fact of having a body," when the most sensible thing to do would be to seek gender neutrality or at least an inversion of roles. Would Fux be searching for a scandal? Would I be attempting to escape a scandal by shooting Fux eating a churro at the end of the film while he was in Mexico City? However, such a scandal could actually be seen as having two sides. Besides the theme of the short story, critics, the reader, public opinion, and/or Internet users would/will also end up questioning the methods of the real writer, particularly the method of literary plagiarism. In the best-case scenario—or, depending on one's perspective, the worst-case scenario—this questioning would result in an imbroglio at the level of the one caused by the widow of Borges, María Kodama, who sued her countryman, writer Pablo Katchadjian. He intentionally decided to rewrite the short story *The Aleph,* reproducing Borges' work word by word and adding many others.[12] About the relationship between scandal and literature, Fux once wrote the following to me in a message:

> When I published my first fiction book, *Antiterapias,* as I was dealing with autofiction, I fictionalized some parts of my upbringing as a young diasporic Jew in a city with a very small [Jewish] community. In each chapter of the book, I use 'Oulip-

---

12 Reis, "Recriação de Borges abre debate"; see also: Oquendo B., "Pablo Katchadjian, el escritor argentino enjuiciado por haber 'engordado' con 5.600 palabras 'El Aleph', una de las grandes obras de Jorge Luis Borges."

ian rules', and one of the rules is to associate the life of the protagonist with some canonical work. When talking about Dante's 'circles of hell,' I put some 'characters' in those circles. Some people ended up recognizing themselves, and the 'scandal' started. They photocopied a few pages of the book and distributed them in the Synagogue, calling for my head. It was the first time I realized the 'power' of fiction. After this book, even as I try to escape the classification of 'autofiction', the readers always try to find out what is "true" and what is 'false' in that which I write. Nowadays, with privacy being exposed and revealed, with 'standpoint' [*lugar de fala*] being taken to its limits, some literary themes become 'spectacle.' Exposing public figures, revealing privacy, 'being based on a true story' attracts media attention. I still keep doing the literature in which I believe: with intertextual concerns, with refinement of language, with theoretical seriousness; however, I confess that I am always afraid of being too much in the spotlight and scandals. And, because I am afraid of that, I create a literary performer. The 'Fux' who talks about his books is an 'other,' he is the writer acting — only a few really know my privacy.[13]

If he is afraid of scandals, Fux appears to have a great attraction to vertigo. He needs to walk, keeping his balance, on the edge of an abyss. If he was a conformist academic, Fux should loathe a method that ignores norms established by controlling entities, even though his theoretical texts do feature references after all. Fux has two sides: a scholar who continues to publish works with bibliographic annotations, and a (fiction) writer who sometimes ignores good taste and good sense—to allude to Adriana Calcanhotto's lyrics.[14] *Ménage à Trois* is not guided by either of these two pointers of ethics or etiquette. It is a short story that takes a chance on the opposite side of delicacy; it is almost guttural (an aspect that is highlighted by Carvalho's performance in the

13   Fux, Correspondence with the author, August 2019.
14   Calcanhotto, "Senhas."

film) but still erotic. In this sense, the short story itself is subversive or, better, anti-spectacular. Ian Woodward and Michael Emmison argue that "taste is largely defined by [ordinary] people as a strategy for managing relations with others, and as a mode of self-discipline which relies on the mastery of a number of general principles that are resources for people to position their own tastes within an imagined social sphere."[15] Would the embraced and frank bad taste (the euphemistic "banal," as the short story is defined by Fux) actually be a political stance? What about his stance (I am referring to the case of Fux's literary plagiarism), which can be seen as going against a supposed ethics without much restraint? Why did Fux choose to be apparently in wide-open desynchrony with the "'tempo' of ...[his] era"?[16] Would he

---

15   Woodward & Emmison, "From aesthetic principles to collective sentiments," 295.

16   "In his inquiry into the history of manners Norbert Elias illustrates how emerging models of taste refinement are linked with increasingly differentiated modes of self- restraint.... Momentary inclinations are thus suppressed, as people adapt their behaviour to what they perceive to be the 'tempo' of the era" (Woodward & Emmison, "From aesthetic principles to collective sentiments," 311).

really be in desynchrony? What is the statement that Fux intends to make by letting himself be dragged down by the so-called bad taste and recklessness of depicting a woman being observed desperately eating a chocolate churro at the same time he appropriates the writing of other authors? As to the question of whether his work seeks to problematize some political or social value, Fux replied to me, citing his novels:

> I believe so. *Nobel* is a criticism to institutions in general. It makes reference to Kafka's short story, *A Report to an Academy*, in which an ape gives a speech to academics. Both the short story and the speech presented in *Nobel* have a lot to say about human nature, about the relationship between human beings and the system that oppresses and quells them. The narrator, honored with the Nobel Prize in Literature, affirms that he devoted his life to the transfiguration of his being, the real and biographic one, into another being who is fictional and a ventriloquist of others' memories and works. *Meshugá* seeks to recuperate myths and legends about Jewish madness. Several German theses examine a greater frequency of mental illnesses among Jews. According

to some medical and historical theories, the Jews would be more prone to madness owing to being incestuous, sexually deprived, obsessive, and spreaders of diseases such as syphilis. I looked for real 'characters' who could corroborate those theories, trying to be ironic about them and to deconstruct them. There is criticism to the perverse and repulsive gaze of the other and how we end up introjecting it: thus, self-hatred emerges. In *Brochadas*, there is criticism to the 'aestheticization' and 'mythification' of history and 'idols'. All of us are flawed, we fail, and our lives are not so noble, so to speak. The character of *Brochadas* fails, he is impotent and faces openly (and limply) this issue. Moreover, the book exposes men's side of male chauvinism, which makes women responsible for their sexual failure. This issue is raised because the letters from his ex-girlfriends addressed to this degraded narrator/character stab all this phallocentric structure of humanity. In *Antiterapias*, there is criticism, defense, and deep discussion about Jewish culture and about diasporic issues. Before, they were exclusive to some peoples. Today, they are a very common phenomenon and deserve great attention.[17]

---

17 Fux, Correspondence with the author, August 2019.

If we restrict ourselves to the plot of the short story *Ménage à Trois,* we could say that the criticism present in the text revolves around, among other topics, a protest against private property and copyright, the question of singularity within literature, lack of risk and too much respect for rules and laws, and the "usemonopoly."[18] This is what interests us here, or at least this was what interested me as a filmmaker and critic, even though such aspects are not exclusive to this specific short story when one considers Fux's broader oeuvre. However, in *Ménage à Trois,* such issues are very much concentrated, as many important authors are appropriated in a short amount of time. It is a *tour de force* of appropriation. We have an avalanche of influences. Nonetheless, Fux does not suffer from what some people call "cryptomnesia," the unconscious theft.[19] On the contrary, his attitudes are deliberate, and he is even willing to comment calmly on them and on his method, as he did in the case of the film *Literary Ménage*. Was he being truthful? Or, as one could un-

18   About this last expression, see: Lethem, "The Ecstasy of Influence," 64.
19   See: Lethem, "The Ecstasy of Influence," 59.

derstand from the answers he gave above, was he acting? That is the reason why the film I directed opens with such an awkward sentence. I was never totally convinced of either option. However, I must confess that this "avalanche," a term I use here as a metaphor, is a bridge that takes us to a text by Jonathan Lethem titled *The Ecstasy of Influence: A Plagiarism.* In this work, the U.S. author creates a patchwork, appropriating the words of others to construct a criticism of the concept of originality in art and literature. However, still following Lethem's ideas, to refute a myth is always more difficult than it appears, as it requires someone to go against established models that generate moral and even financial recognition. Fux's gesture is, above all, an act of courage, not only an act without important consequences. As explained by Lethem through his text/collage, "Plagiarism and piracy ...are the monsters we working artists are taught to dread, as they roam the woods surrounding our tiny preserves of regard and remuneration."[20]

20   Lethem, "The Ecstasy of Influence," 63.

In summary, Fux is part of a process of topicalization of knowledge. For some of us, born in a peripherical and underdeveloped nation, it is an encouragement to see a writer who navigates with so much irreverence through classic works of other nations. To a certain extent, this process is an anthropophagic attitude: I would say that Fux is an authentic literary cannibal.[21] One should note that a significant number of authors appropriated by him are not Brazilians or Latin Americans;

---

21   According to Silviano Santiago, "a silent and insubordinate assimilation, which is also anthropophagus, is similar to what has been done, for a long time, by writers from a dominated culture: their readings are a search for a writable text, a text that can make them work, that can be a model for the organization of their own writing ... [which] is, therefore, established on a fierce pact with the *déjà-dit*, the thing already said, to use an expression recently coined by Michel Foucault when analyzing Gustave Flaubert's *Bouvard et Pécuchet*. Let us be precise: with the thing already written. The reader, converted into writer, tries to surprise the original model using its limitations, its weaknesses, its gaps, he disarticulates and rearticulates it according to his own intentions, according to his own ideological guides, his vision of the theme presented first by the original.[...] The Latin-American writer plays with signs from another author, from another work. (Santiago, "O entre-lugar no discurso latino-americano," 20-21).

rather, they come from a position of authority that is centered on the First World. When Fux places those authors in another context, one that is to a certain extent iconoclastic (we should not forget that, ultimately, what one finds in his account is a woman being observed while she eats a churro), those authors become lighter and, in some respects, more accessible to us. The fragments appropriated by Fux can then be considered better or more poorly written or deeper or shallower depending on the person who reads them. In any case, Fux opens himself to a new possibility, namely that of recycling and reuse, which are important art forms in the Third World. Let us consider, in that regard, the tireless labor of our cardboard pickers. Moreover, "second comers might do a much better job than the originator with the original idea."[22] And the material gathered by cardboard pickers becomes the books of *cartoneras*, confirming in practice aspects of the quoted sentence.

---

22   Lethem, "The Ecstasy of Influence," 63.

Let us look once again at Fux's work. He also questions (intentionally or unintentionally) the idea of the need for the creation of new avant-garde movements seeking to reinvent what has already been reinvented many times; I do not see in his work a manifesto; he acts as if all questions of life and literature have already been addressed in another time, by another author, in another context; the only step needed would be to put the pieces of the jigsaw puzzle together, a jigsaw puzzle composed of previously known pieces, previously studied subjects, and previously published works.[23] A woman is eating a churro; however,

---

23   In this sense, Lethem writes by appropriating the words of Steve Fuller "Artists and intellectuals despondent over the prospects for originality can take heart from a phenomenon identified about twenty years ago by Don Swanson, a library scientist at the University of Chicago. He called it 'undiscovered public knowledge.' Swanson showed that standing problems in medical research may be significantly addressed, perhaps even solved, simply by systematically surveying the scientific literature. Left to its own devices, research tends to become more specialized and abstracted from the real-world problems that motivated it and to which it remains relevant. This suggests that such a problem may be tackled effectively not by commissioning more research but by assuming that most

even though the object to be savored might not have appeared as such before, that gesture in itself may lead someone to a poem by another author or to a sentence from a classic novel. In contrast, and in spite of the lack of a manifesto, does not Fux paradoxically and simultaneously place himself within the process of creating a new avant-garde movement? It is an avant-garde movement that is not paralyzed by the idea of remixing, bringing to literature a tool from music, an avant-garde movement that turns literature into a form of art that belongs to

---

or all of the solution can already be found in various scientific journals, waiting to be assembled by someone willing to read across specialties.... Our appetite for creative vitality require the violence and exasperation of another avant-garde, with its wearisome killing-the-father imperatives, or might we be better off ratifying the ecstasy of influence—and deepening our willingness to understand the commonality and timelessness of the methods and motifs available to artists?" (Lethem, "The Ecstasy of Influence," 67) (emphasis his); this lack of a manifesto that I see in the work of Fux appears to be a characteristic of contemporary art: "as the philosopher Arthur Danto said, in the situation that we find ourselves, there are no more defined rules to be followed or manifestos to be defended in terms of artistic production, making pastiche be really a characteristic of postmodern art" (Miranda Barros, "Pastiche versus plágio na literatura").

its time once again. In a real scandal, for instance, the German writer Helene Hegemann was caught inserting fragments from the works of others into her debut novel. As a defense, she positioned herself with the following statement: "There's no such thing as originality anyway, just authenticity."[24] Marcelo Vinicius Miranda Barros brings to light a series of literary scandals or semi-scandals concerning what he prefers to call pastiche, including the one by Hegemann and recalling the case of the Brazilian writer Ana Miranda, who was accused, in the beginning of the 1990s, of copying fragments written by Father Antônio Vieira. She defended herself by saying "When I write with my own words, there is no need to put it between quotation marks. Otherwise,

---

24 Kulish, "Author, 17, Says It's 'Mixing,' Not Plagiarism"; this sentence, together with the reference of the news piece by Kulish, was also used in: Lopes de Barros, *The Artist among Ruins*, 55; Miranda Barros cites in Portuguese this same sentence in a different translation (made from German by Marcelo Backes): *"A originalidade de qualquer modo não existe, apenas a genuinidade"* (Miranda Barros, "Pastiche versus plágio na literatura") (Graf, "A literatura nas fronteiras do copyright").

the book will be full of notes, everything is a detail. It is not a scientific work, it is a fiction work."[25]

Thus, would Fux only be plagiarizing the plagiaristic act of Ana Miranda? Would Fux not be a true writer (so to speak), but only a character of a writer who presents himself to literary festivals, television programs, and this filmmaker, constructing his own life history as a novel based on or copied from the experiences of others? In other words, is Fux an invention of a writer who writes by copying other writers? And what would be "the boundaries between fact and fiction" within the life history of and the stories by Fux? These are questions I attempted to explore (in a somewhat timid manner) in *Literary Ménage*, without the benefit of the profound endeavors of MIT faculty member Joe Gibbons, the source of those words between quotation marks that were once used to define his own work, and whose "act of performance" was

---

25   Miranda Barros, "Pastiche versus plágio na literatura."

to rob a bank; this led him to be incarcerated by the U.S. judicial system for a fair amount of time.[26] My conclusion is also paradoxical. Even though the short story can appear slightly out of place to someone more engaged with questions of identity, its methods are up-to-date. Ultimately, the film, with Fux's help, balances issues related to identity. Those interested can and should also enjoy the writer (?) savoring his churros without fear or mercy. There he goes: between the avant-garde and the anti-avant-garde, between fiction and documentary, between the commonplace and the scandalous that always emerge to a lesser or greater extent from the erotic and the outlaw.[27]

---

26   Remnick, "Filmmaker Joe Gibbons Gets a Year in Prison for a Robbery He Called Performance Art."

27   This last sentence is a pastiche of the last paragraph of Silviano Santiago's essay "O entre-lugar no discurso latino-americano" (26).

WORKS CITED

Borges, Jorge Luis. "Pierre Menard, Author of the Quixote." Translated by James E. Irby. In *Labyrinths: Selected Stories & Other Writings*, ed. Donald A. Yates and James E. Irby. New York: New Directions Publishing, 2007.

Calcanhotto, Adriana. "Senhas." Track A1 in *Senhas*. São Paulo: Sony Music, recorded in 1992. Vinyl.

Cuenca, Daniel. *El Norte tampoco existe: First-and-Third-World as Show (Essays on the Epistemology of the Spectacle from Guy Debord, Santiago Álvarez, Gregory Nava and Arthur Tuoto, 1965-2016)*. PhD Dissertation, Boston University, 2019.

Fux, Jacques. "Ménage à trois." Translated by Vanessa Munford. In: *Ménage Literário/Literary Ménage/Ménage Literario*. Belo Horizonte: Relicário Edições, 2020.

_____. Correspondence with the author, August, 2019.

Graf, Jürgen. "A literatura nas fronteiras do copyright." Translated by Marcelo Backes. *Humboldt*, 2010, http://www.goethe.de/wis/bib/prj/hmb/the/154/pt6571975.htm.

Kulish, Nicholas. "Author, 17, Says It's 'Mixing,' Not Plagiarism." *New York Times*, February 11, 2010, https://www.nytimes.com/2010/02/12/world/europe/12germany.html.

Lethem, Jonathan. "The Ecstasy of Influence: A Plagiarism." *Harper's Magazine*, February, 2007, 59-71, https://archive.harpers.org/2007/02/pdf/HarpersMagazine-2007-02-0081387.pdf.

Lopes de Barros, Rodrigo. *The Artist among Ruins: Connecting Catastrophes in Brazilian and Cuban Cinema, Painting, Sculpture and Literature*. PhD Dissertation, UT Austin, 2013, http://hdl.handle.net/2152/33413.

Miranda Barros, Marcelo Vinicius. "Pastiche versus plágio na literatura." *Revista Sísifo*, vol. 1, no. 1 (May: 2015), http://www.revistasisifo.com/p/revista-sisifo-feira-de-santana-v.html.

Oquendo B., Catalina. "Pablo Katchadjian, el escritor argentino enjuiciado por haber 'engordado' con 5.600 palabras 'El Aleph', una de las grandes obras de Jorge Luis Borges." *BBC*, November 30, 2016, https://www.bbc.com/mundo/noticias-38145698.

Reis, Leandro. "Recriação de Borges abre debate." *Gazeta Online*, July 13, 2015, https://www.gazetaonline.com.br/entretenimento/famosos/2015/07/recriacao-de-borges-abre-debate-1013902439.html.

Remnick, Noah. "Filmmaker Joe Gibbons Gets a Year in Prison for a Robbery He Called Performance Art." *New York Times*, July 13, 2015, https://www.nytimes.com/2015/07/14/nyregion/filmmaker-joe-gibbons-gets-a-year-in-prison-for-a-robbery-he-called-performance-art.html.

Wallace, David Foster. "Roger Federer as Religious Experience." *New York Times*, August 20, 2006, https://www.nytimes.com/2006/08/20/sports/playmagazine/20federer.html.

Santiago, Silviano. "O entre-lugar no discurso latino-americano." In *Uma literatura nos trópicos: ensaios sobre dependência cultural*. Rio de Janeiro: Rocco, 2000.

Woodward, Ian & Michael Emmison. "From Aesthetic Principles to Collective Sentiments: The Logics of Everyday Judgements of Taste." *Poetics*, vol. 29, no. 6 (December: 2001): 295-316, https://doi.org/10.1016/S0304-422X(00)00035-8.

JACQUES FUX, UN PIERRE MENARD TROPICAL

Versión de Melissa Boëchat

"Toda buena literatura es intertextual, es decir, incorpora y transforma, en menor o mayor grado, textos anteriores", pondera el escritor Reinaldo Santos Neves, autor de la trilogía A folha de hera *– ampliación de otro libro de Reinaldo,* A crônica de Malemort, *un autoplagio, diría la viuda de Borges.*

(Fragmento de un reportaje de Leandro Reis sobre un plagio o experimento, realizado por Pablo Katchadjian, a partir del cuento "El Aleph" de Borges)[1]

[Buen gusto es] adaptarse a un modelo que reconocidamente no ofenda al ser humano mediano—moralmente, sexualmente, visualmente.

(Alguien anónimo y común, teorizando sobre el buen gusto)[2]

---

1   Reis, "Recriação de Borges abre debate".
2   Woodward & Emmison, "From Aesthetic Principles to Collective Sentiments", 312.

> *Queda claro que la apropiación, la imitación, la citación, la alusión, y la colaboración sublimada consisten en una especie de* sine qua non *del arte creativo, rompiendo todas las formas y géneros dentro del mundo de la producción cultural.*

> (Jonathan Lethem, plagiando a Kembrew McLeod) [3]

La tarea de un director de cine es a menudo subvertir lo que se le regala, como un mal huésped que, disimuladamente, cambia la disposición de los objetos y la decoración de la casa donde se hospeda. Cuando recibí la invitación de Maria Eduarda de Carvalho y Jacques Fux para convertir el cuento "Ménage à trois" en una película, hice dos solicitudes que, en mi opinión, podrían llevar la aventura más allá de un simple intento de repetición audiovisual. No sé si realicé, al fin y al cabo, una subversión, pero creo que el resultado debería dar a los espectadores algo más que pensar.

---

3   Lethem, "The Ecstasy of Influence", 61.

En primer lugar, quería "hibridar" el proyecto, es decir, que el objetivo final se quedara entre la ficción y lo documental, en una especie de límite entre ambos. Mi tarea consistía en designar la película como un trabajo documental para, después, encontrar la mirada de asombro de las personas que no lo considerarían como tal, y viceversa. El resultado cinematográfico, titulado "Ménage literario: una investigación sobre la escritura de Jacques Fux", también habría de ser una investigación audiovisual sobre el método creativo latente tras una historia que, en una primera mirada, aborda un tema demasiado mundano, indigno de más elucubraciones adicionales; un cuento que se destinaría al abandono en los escombros de la Historia si Jacques no hubiera ocultado en el texto pequeñas trampas para los lectores. En el relato, fragmentos de otros autores –todos canónicos– están atrincherados. Sin embargo, estas inserciones de obras terceras no van acompañadas de referencias claras y determinantes; no hay referencias bibliográficas ni notas al pie de página, no se indica a quién pertenecen los pasajes que, a través de la voz del narrador, entran en diálogo con esa mujer observada, con la personalidad misma del *voyeur* que la mira y con ese objeto fálico que irradia su encanto sobre ambos.

En segundo lugar, le pedí que el propio personaje del cuento, interpretado por Maria Eduarda, también coproductora de la película, entrevistara a Jacques. De este modo, Jacques aparecería en la película interpretándose a sí mismo, en una *performance* de sí mismo, y contestaría las preguntas elaboradas, sin que yo interviniera, por Maria Eduarda que, a su vez, representaría al personaje del relato –lo que cumple la función deliberada de toma de voz por parte de la mujer para romper así con lo que alguien podría criticar como su total cosificación. Al mismo tiempo, eso subvierte los lugares de la ficción y de lo documental: he provocado la "documentalización" de un ser ficticio y la "ficcionalización" del escritor real.

A lo largo del rodaje, le pedí que le hiciera a Jacques algunas pocas preguntas que me parecían relevantes para la conversación o la aclaración de algunos aspectos sobre el trabajo del escritor y que podían acercar la entrevista a un público más amplio. Pero eso fue todo: mi labor esencial fue, en gran medida, adoptar el papel de *voyeur* –porque era yo el que llevaba la cámara y grababa a los actores y al escritor, que interpretaron sus papeles según lo previsto. Hablé poco, muy poco. Decidí seguir una dirección más similar a la de Woody Allen en la que cada uno hacía su trabajo, con mínima interferencia. El proceso de solicitar y dar instrucciones sobre la música para la banda sonora, elaborada por João Verbo, también parece haberse mantenido bajo una atmósfera *alleniana*, ya que, no por casualidad, buscamos crear una pieza de jazz. Pero esa, mi pequeña intervención en el trabajo ajeno, fue posible gracias a la calidad técnica de los involucrados. Gustavo Machado, por ejemplo, solo necesitaría una toma para hacer bien la narración. Lo ha hecho ya en su primer intento, dejándonos a Jacques y a mí asombrados. Grabamos su voz otras veces más. Sin embargo, fue más por precaución y por tener una gama de opciones de edición que por necesidad real, pues solamente la primera versión habría sido suficiente.

Con la inclusión de una entrevista en la película, un hecho que obviamente no está en la historia, esta deja de ser un *ménage à trois stricto sensu*. Es decir, ya no es una historia sobre un simple arreglo sexual entre una tríada de partes interesadas, que en el cuento tiene un carácter incluso homoerótico: uno podría argumentar que el deseo del narrador está tan relacionado o más con el objeto fálico en contacto con la mujer, es decir, el churro, que con la persona observada. Y se nota que el narrador, en otras ocasiones, se fija en más y diferentes elementos puntiagudos o cilíndricos relacionados con el personaje femenino: el tamaño de la lente fotográfica que la mujer lleva o también su peinado son ejemplos de esto –este último detalle, perdido en la película, se relata en el cuento donde probablemente ella lleva una cola de caballo.

Con la entrevista, la pieza audiovisual se convierte en un *ménage à trois lato sensu*: el arreglo triple se eleva al campo de la metáfora, al ámbito de lo literario. Se puede decir que el *ménage* voyerista tiene lugar entre Jacques (un ser humano que camina entre nosotros) y sus dos personajes.

En la película, cuando la cámara los enmarca desde arriba, en blanco y negro –una cámara de seguridad, un voyerismo que nos molesta a todos– los tres están allí, cerrando el triángulo. Más tarde, Jacques me comentó como era observar, en carne y hueso, a sus personajes en acción:

> El tema de la historia fue un episodio que presencié. Pero mientras escribía el texto, el autor de la escritura entró en escena: con los registros de la memoria, el entrelazamiento de la literatura y los sentimientos, y el hipertexto personal, concebí una historia de ficción que ensalzaba el evento 'banal'. Más tarde, cuando se filmó esta pequeña trama, y participé como autor, actor y público, el registro cambió. Me sentí como si estuviera dentro de una pintura que yo mismo había pintado pero que era completamente ajena a mí. Como escritor, tengo total control sobre el texto, aunque no tengo control sobre la recepción. Pero como participante y espectador de la película-cuento, todo cambia. Hay más vida a medida que el texto se desvanece. La mujer que come el churro, inspiración inicial y traición al momento de escribir, toma forma y significado, e interpreta algo que nunca imaginé. Los personajes 'rea-

> les' expresan sus sentimientos y sus impresiones acerca del texto y de la dirección de la escena, y esto transforma completamente el cuento y mis ideas respecto a él. [...] Cuando ella [la escena] estaba siendo filmada, cuando estaba siendo concebida, seguía pensando: 'Pero eso no tiene nada que ver con lo que imaginé'. [...] Por fin, en un primer instante, sí que existe esta traición.[4]

No solamente yo me sentía y era, en realidad, un traidor; también Jacques había probado esta sensación al trasladar la escena de la vida cotidiana a la ficción y, al mismo tiempo, se daba cuenta de que no dominaba la interpretación de la escena hecha tanto por mí como por los actores. Cualquier adaptación es, por lo tanto, un escape mayor o menor de ese dominio del autor sobre la puesta en escena de su propio trabajo. Jacques a veces se veía a sí mismo como un "actor", mientras que para mí nunca dejó de ser el escritor del cuento. Es cierto que puede haberse sentido parte de un triángulo con los actores, o quizás

---

4   Fux, Correspondencia con el autor, agosto de 2019.

haya sufrido el "efecto cámara", pero lo más interesante es que cuando Jacques se presenta en la película, se establece una transformación cualitativa en términos de triangulación, que sería también entre Jacques, su propio texto y los escritores furtivamente apropiados por él: Carlos Drummond de Andrade, Charles Baudelaire, David Foster Wallace, Jacques Prévert, James Joyce, Susan Sontag, Roland Barthes. Todo esto en una historia de unas pocas páginas.

Jorge Luis Borges, en su conocido cuento "Pierre Menard, autor de Quijote", nos pone en situaciones que podemos reanudar para seguir pensando la obra de Jacques. Allí, Menard desea reescribir el clásico del idioma español en su exactitud desde su lugar en los tiempos contemporáneos, lo que no significa producir "un Quijote contemporáneo":

> Quienes han insinuado que Menard dedicó su vida a escribir un Quijote contemporáneo, calumnian su clara memoria. No quería componer otro Quijote –lo cual es fácil– sino *el Quijote*.

> Inútil agregar que no encaró nunca una transcripción mecánica del original; no se proponía copiarlo. Su admirable ambición era producir unas páginas que coincidieran –palabra por palabra y línea por línea– con las de Miguel de Cervantes.[5]

Podemos hablar de Jacques en términos semejantes a los que usa el narrador de Borges para dirigirse a Menard. Tanto Jacques como Menard tendrían "una obra visible" y "la otra: la subterránea".[6] En el caso de Jacques, el trabajo subterráneo se lleva a cabo a través del proceso de recopilación y apropiación de pasajes ajenos para enterrarlos en medio de sus propias palabras, creando un mosaico y elaborando nuevas historias a partir de los fragmentos artísticamente robados. Como ya se infirió, estos extractos deben ser desentrañados por el conocimiento previo y erudición de los lectores sin mucha ayuda del autor-narrador del texto. Es por ello que, en la película *Ménage literario*, traté literal-

---

5   Borges, "Pierre Menard, autor del Quijote", 19.
6   Borges, "Pierre Menard, autor del Quijote", 19.

mente de sacar a la superficie con mis propias manos dichos originales. Mis manos aparecen hojeando libros abiertos en la mesa de mi sala de estar. También utilicé la pantalla de mi computadora, en el caso de las palabras a principio traídas a la luz por Wallace. Hacia el fin de la película, esas mismas manos arrancan la portada de *Ulises*, de Joyce, para dar paso a otra página, en la que el título del libro se transfigura en el elegido por Jacques para su cuento: "Ménage à trois".

Claro está que Jacques no tiene la intención de (re)producir con suma precisión la totalidad (o al menos una parte significativa) de una producción anterior de Joyce, Drummond de Andrade o Sontag, lo que le distingue de Menard. Tampoco desea simplemente copiar el original en su integridad ni escribir otra versión de un texto de Baudelaire (algo que podríamos suponer de un primer vistazo). Desde mi punto de vista, lo que quiere Jacques es resignificar esos pequeños fragmentos a partir de eventos de su propia vida para mostrar cómo pueden adquirir un sentido diferente aplicado a otro contexto, el contexto de los trópicos. Jacques es un lector absoluto, de aquellos que no admiten que el trabajo del que disfruta no guíe ni se incorpore en sus acciones cotidianas o en su memoria de eventos pasados.[7] Consideremos, por ejemplo, una técnica del narrador de Borges cuando compara el mismo pasaje escrito por Cervantes y luego reescrito igualmente por Menard: "Es una revelación cotejar el don Quijote de Menard con el de Cervantes", escribe el narrador de Borges.[8] Bueno, es una revelación cotejar la "experiencia religiosa" de Wallace con la de Jacques:

'[...] [it] is human beings' reconciliation with the fact of having a body [...]'.	*'Una reconciliación del ser humano con el hecho de poseer un cuerpo [...]'.*
David Foster Wallace, 2006.[9]	Jacques Fux, 2016.[10]

---

7   Silviano Santiago, en su ensayo "O entre-lugar no discurso latino-americano", uno de los capítulos del libro *Uma literatura nos trópicos*, parte de "Pierre Menard, autor del Quijote" para argumentar que "el escritor latinoamericano es el devorador de libros" (25). Eso es algo para tener en cuenta, no solamente ahora, pero también cuando, más adelante, afirmaré que Jacques es un caníbal literario.

8   Borges, "Pierre Menard, autor del Quijote", 21.

9   Wallace, "Roger Federer as Religious Experience".

10   Fux, "Ménage à trois".

Ambos se ocupan del espectáculo, pero de maneras distintas. Por un lado, Wallace se inserta en un mundo dominado por el show, es decir, por el espectáculo en su última versión, que requiere la participación voluntaria, a menudo alegre, del espectador.[11] Esto es lo que podemos ver en su crónica "Roger Federer como una experiencia religiosa", donde la pasión de Wallace por el tenis es evidente y le lleva a extasiarse durante los partidos. Pero exactamente en este punto, el show/espectáculo no parece ser dañino, no se trata puramente de una forma de dominación, pero el escritor estadounidense siempre advierte que los partidos no deben ser mediados por la televisión, sino vistos en persona. ¿Sería el juego de tenis narrado por Wallace, encarnado en su esplendor en la actuación magistral de Roger Federer, un antídoto para la sociedad del espectáculo, o por lo menos algo que le escapa al con-

---

11 Para una actualización sobre el concepto de espectáculo acuñado por Guy Debord y que hoy se habría transformado en show, cfr.: Cuenca, *El Norte Capoco existe*; Susan Mizruchi ha sugerido el vínculo general entre el pensamiento de Wallace y una crítica al espectáculo/show durante sus argumentos y comentarios sobre la tesis doctoral de Daniel Cuenca.

trol total? Si así fuera, tendríamos, en una era cada vez más telemática, esta "reconciliación del ser humano con el hecho de poseer un cuerpo".

Por otro lado, Jacques, por medio de aquella misma frase, se acerca a la escena del espectáculo como un escándalo, porque no es nada más, nada menos, que un hombre observando *voyerísticamente* a una mujer, erotizándola en la segunda década del siglo XXI. Estos son tiempos que pronto albergarían el pináculo de las políticas de identidad que algunos quieren que suplanten, otros que igualen o al menos que complementen la lucha de clases. Es el hecho de que la mujer coma el churro lo que hace que el hombre encuentre la "reconciliación del ser humano con el hecho de poseer un cuerpo", cuando lo más sensato sería buscar la neutralidad de género o al menos un cambio de roles. ¿Estaría Jacques buscando un escándalo? ¿Estaría yo tratando de escapar de un escándalo al poner a Jacques al fin de la película comiendo churros por la Ciudad de México?

Tal escándalo en realidad podría verse como un doble. Además del tema del cuento, la crítica, el lector, la opinión pública o los internautas terminarían, o terminarán, también por cuestionar los métodos del escritor real, especialmente el plagio literario. En el mejor, o en el peor, de los casos, dependiendo de la perspectiva, este cuestionamiento generaría un embrollo del nivel causado por la viuda de Borges, María Kodama, quien llevó a los tribunales al escritor Pablo Katchadjian, su compatriota. Este había decidido intencionalmente reescribir el cuento "El Aleph", reproduciendo el trabajo de Borges palabra por palabra y añadiendo otras.[12] Sobre la relación entre el escándalo y la literatura, Jacques me dijo por correspondencia:

> Al publicar mi primer libro de ficción, *Antiterapias,* porque era de autoficción, romanceé algunas partes de mi educación como un joven judío de la diáspora en una ciudad con una comunidad

---

12   Reis, "Recriação de Borges abre debate"; cfr. también: Oquendo B., "Pablo Katchadjian, el escritor argentino enjuiciado por haber 'engordado' con 5.600 palabras 'El Aleph', una de las grandes obras de Jorge Luis Borges".

[judía] muy pequeña. En cada capítulo del libro, uso 'reglas ou-lipianas' y una de ellas es asociar la vida del protagonista con al-gún trabajo canónico. Cuando hablo de los 'círculos del infierno' de Dante, pongo algunos 'personajes' en esos círculos. Algunas personas terminaron por reconocerse y comenzó el 'escándalo'. Fotocopiaron algunas páginas del libro y se las entregaron en la Sinagoga, pidiendo mi cabeza. Fue la primera vez que me di cuenta del 'poder' de la ficción. Después de ese libro, incluso tra-tando de escapar de la clasificación de 'autoficción', los lectores siempre tratan de descubrir qué es 'verdadero' y qué es 'falso' en lo que escribo. Hoy en día, con la intimidad expuesta y revelada, con el 'lugar del discurso' llevado al límite, algunos temas de la literatura se convierten en 'espectáculo'. Exponer figuras públi-cas, revelar intimidades, 'basarse en hechos reales' atrae la aten-ción de los medios. Todavía sigo haciendo la literatura en la que creo: con cuestiones intertextuales, con un agudo lenguaje, con una seriedad teórica; pero confieso que siempre temo demasiada exposición y el escándalo. Y por miedo a eso, creo un intérprete literario. 'Jacques' cuando habla de sus libros es un 'otro', es el escritor en funciones; pocos realmente conocen mi intimidad.[13]

Si le tiene miedo al escándalo, Jacques también parece tener una gran atracción por el vértigo. Tiene la necesidad de caminar balanceándose al borde de un abismo. Si fuera un intelectual conformista, debería tener asco al método que ignora las normas establecidas por las entidades de control, aunque sus textos teóricos son en última instancia referenciados. Jacques es doble: su lado *scholar* sigue publicando con apuntes bibliográficos, pero como escritor (de ficción) a veces ignora el sentido común y el buen gusto, por mencionar las líneas de Adriana Calcanhotto.[14] "Ménage a trois" no se guía ni por etiqueta ni por ética: es una historia que se aventura en el lado opuesto de la delicadeza, es casi gutural (aspecto destacado por la interpretación de Maria Eduarda en la película), aunque erótico. En este sentido, el cuento en sí es subversivo o incluso *antiespectacular*. Ian Woodward y Michael Emmison

13   Fux, Correspondencia con el autor, agosto de 2019.
14   Calcanhotto, "Senhas".

argumentan que "el gusto es ampliamente definido por las personas [comunes] como una estrategia para manejar las relaciones con los demás, y como un modo de autodisciplina basado en el dominio de varios principios generales que son recursos para que las personas posicionen sus propios gustos dentro de una esfera social imaginada".[15]

¿Podrían el mal gusto abrazado y abierto (lo eufemístico "trivial" del cuento) y una postura que puede considerarse como una contrariedad descarada de una supuesta ética (como en el caso del plagio literario de Jacques Fux) ser una posición política en su gen? ¿Por qué ha elegido Jacques estar aparentemente en asincronía abierta con el "'tiempo' de [su] época"?[16] ¿Estaría realmente fuera de sincronía? ¿Qué declara-

---

15   Woodward & Emmison, "From aesthetic principles to collective sentiments", 295.

16   "En su investigación sobre la historia de los modales, Nobert Elias ilustra cómo los modos emergentes de refinamiento del gusto están vinculados con modos de autocontrol cada vez más diferenciados. Las inclinaciones momentáneas se suprimen a medida que las personas adaptan su comportamiento a lo que

ción pretende hacer Jacques al dejarse llevar por el llamado mal gusto y la insensatez al retratar a una mujer observada al comer desesperadamente un churro de chocolate, mientras se apropia del trabajo de otros autores? Sobre si su trabajo busca cuestionar algún valor político o social, Jacques me contesta citando sus novelas:

> Creo que sí. *Nobel* es una crítica a las instituciones en general. Alude al cuento de Kafka 'Informe para una Academia', en el que un mono da un discurso a los académicos. Tanto el cuento como el discurso presentado tienen mucho que decir sobre la naturaleza humana, sobre la relación del hombre con el sistema opresor y sofocante. El narrador, galardonado con el Premio Nobel de Literatura, declara que dedicó su vida a la transfiguración de su ser real y biográfico en un ser ficticio y ventrílocuo de la memoria y del trabajo de los demás. *Meshugá* busca recuperar los mitos y leyendas sobre la locura judía. Varias tesis alemanas tratan sobre una mayor frecuencia de enfermedades mentales entre los

perciben como el 'tiempo' de la época" (Woodward & Emmison, "From aesthetic principles to collective sentiments", 311).

judíos. Según algunas teorías médicas e históricas, los judíos serían más propensos a la locura porque son incestuosos, sexualmente pervertidos, obsesivos y propagan enfermedades como la sífilis. Busqué verdaderos 'personajes' que pudieran corroborar estas teorías, con el objetivo de burlarse y deconstruirlas. Hay una crítica de la mirada perversa y odiosa del otro y de cómo finalmente la absorbemos, surgiendo así el odio hacia uno mismo. En *Brochadas* hay una crítica de la 'estética' y la 'mitificación' de la historia y los 'ídolos'. Todos tenemos defectos, hemos fallado y nuestras vidas no son tan nobles. El personaje de *Brochadas* falla, es impotente y enfrenta abiertamente (y sin endurecerse) este problema. Además, el libro expone el lado machista del hombre que culpa de su fracaso sexual a la mujer, y esto se discute, a medida que las cartas de exnovias dirigidas a este narrador/personaje de carácter degradado apuñalan toda la estructura humana centrada en el falo. En *Antiterapias*, hay una crítica, una apología y una discusión en profundidad de la cultura judía y los problemas de la diáspora, que antes eran exclusivos de algunos pueblos, pero hoy es un evento muy común que merece mucha atención.[17]

Si nos limitamos a la trama del cuento "Ménage à trois", podríamos decir que la crítica presente en el texto abarca, entre otros temas, la contestación de la propiedad privada y los derechos de autor, la singularidad dentro de la literatura, la falta de riesgo y demasiado respeto por las leyes y normas, y el "monopolio de uso".[18] Es lo que nos toca aquí, o al menos lo que me interesó como cineasta y crítico, a pesar de que tales aspectos no son exclusivos de esta historia en particular cuando se considera el trabajo más amplio de Jacques. Sin embargo, en "Ménage à trois" estas preguntas están bastante concentradas, y muchos autores importantes sufren apropiaciones en muy poco tiempo. Es como un *tour de force* de apropiaciones. Tenemos una avalancha de influencias. Pero Jacques no sufre lo que algunos llaman "criptomnesia", el robo inconsciente.[19] Todo

---

17   Fux, Correspondencia con el autor, agosto de 2019.
18   Sobre esta expresión, cfr. Lethem, "The Ecstasy of Influence", 64.
19   Cfr. Lethem, "The Ecstasy of Influence", 59.

lo contrario, sus actitudes son deliberadas e incluso está dispuesto a comentar acerca de ellas, de su método, como lo hizo con facilidad en el caso de la película *Ménage literario*. ¿Era este su verdadero yo o estaba actuando, como sugiere en las respuestas que me ha dado? De ahí esa compleja frase que abre la película que dirigí. Nunca me he podido convencer totalmente sobre si era una cosa u otra. Sin embargo, esta "avalancha" que traigo aquí como una metáfora, debo confesarlo, es un gancho para que vayamos al texto de Jonathan Lethem, titulado "El éxtasis de la influencia: un plagio". En él, el autor estadounidense crea un mosaico, apropiándose de las palabras de otros para construir una crítica de la idea de originalidad en las artes y la literatura. Pero cuestionar un mito, todavía siguiendo las ideas de Lethem, siempre es más difícil de lo que puede parecer, requiere contrarrestar esquemas establecidos que generan reconocimiento moral e incluso económico. El gesto de Jacques es, sobre todo, un acto de coraje, no solo un acto sin mayores consecuencias, porque, como Lethem explica a través de su texto-collage: "el plagio y la piratería (...) son los monstruos que a los artistas actuantes se nos enseña a temer, pues deambulan por los bosques que rodean nuestras pequeñas reservas de respeto y remuneración".[20]

En resumen, Jacques se inserta en un proceso de tropicalización del conocimiento. Para algunos de nosotros, que somos como frutos de una nación periférica y subdesarrollada, es un respiro ver a un escritor navegar tan irreverentemente por los clásicos de los demás. Es una actitud, en cierto sentido, antropofágica: diríamos que Jacques es un verdadero caníbal literario.[21] Tengamos en cuenta que la gran mayoría de

---

20   Lethem, "The Ecstasy of Influence", 63.

21   Según Silviano Santiago, "una asimilación inquieta e insubordinada, antropófaga, es semejante a la que hacen hace mucho tiempo los escritores de una cultura dominada por otra: sus lecturas se explican por la búsqueda de un texto escribible, un texto que les pueda incitar al trabajo, les pueda servir de modelo para la organización de su propia escritura [...] que es así establecida desde un compromiso feroz con lo *déjà-dit*, lo ya dicho, para usar una expresión recientemente acuñada por Michel Foucault en el análisis de *Bouvard et Pécuchet* de Gustave Flaubert. Seamos más precisos: con lo ya escrito. [...] El lector, transformado en autor, intenta sorprender el modelo original en sus limitaciones, sus de-

los autores de los que se apropia no son brasileños o latinoamericanos, sino que esos autores circulan desde una autoridad basada en el Primer Mundo. Al poner a estos autores en otro contexto, en un contexto un tanto iconoclasta (no nos olvidemos que al final lo que tenemos en su cuento es una mujer observada mientras come un churro), esos autores se vuelven más ligeros y, en cierto sentido, más accesibles para nosotros. Los pasajes de los que se apropia ahora pueden considerarse todavía mejor o peor escritos, más o menos profundos, dependiendo de la persona que los lea. En todos casos, Jacques se abre a una nueva posibilidad: reciclar y reutilizar, que son importantes artes del Tercer Mundo. Destacamos aquí el trabajo incansable de nuestros cartoneros. Además, "los que vienen en segundo lugar pueden hacer un trabajo mucho mejor con la idea original que su creador".[22] Y el material de

---

bilidades, en sus lagunas, él lo desarticula y lo rearticula según sus intenciones, según su propia dirección ideológica, su visión del tema presentado antes por el original. [...] El escritor latinoamericano juega con los signos de otro escritor, de otra obra" (Santiago, "O entre-lugar no discurso latino-americano", 20-21).
22   Lethem, "The Ecstasy of Influence", 63.

los cartoneros se convierte en los libros de las editoriales cartoneras, confirmando en la práctica aspectos de lo que recién fue afirmado.

Pero, volviendo a Jacques, también él cuestiona, intencionalmente o no, la idea de la necesidad de crear nuevas vanguardias, nuevos movimientos que traten de reinventar lo que ya ha sido muchas veces reinventado; no veo en su obra un manifiesto, es como si todas las cuestiones existenciales y literarias ya hubieran sido abordadas en otro momento, por otro autor, en otro texto, y lo único necesario aquí fuera recomponer el rompecabezas de lo ya examinado, lo ya estudiado, lo ya publicado.[23] Tenemos a una mujer que come un churro, pero aunque el

---

23   En este sentido, Lethem escribe apropiándose de las palabras de Steve Fuller: "Artistas e intelectuales desanimados sobre las perspectivas de originalidad pueden estar animados por un fenómeno identificado hace unos veinte años por Don Swanson, un bibliotecario de la Universidad de Chicago. Lo llamó 'conocimiento público no descubierto'. Swanson ha demostrado que los problemas actuales en la investigación médica pueden abordarse significativamente, o incluso resolverse, simplemente investigando sistemáticamente la literatura científica. Abandonada a sus propios mecanismos, la investigación tiende a volverse más

objeto a degustar no haya aparecido exactamente como tal, aquel gesto de comer puede referirse a un poema de otro autor, a una frase de una novela clásica. Por otro lado, a pesar de la falta de manifiesto, al mismo tiempo y paradójicamente, ¿no se pone Jacques en el proceso de creación de una nueva vanguardia? Una vanguardia que no está paralizada

---

especializada y abstraída de los problemas del mundo real que la motivaron, y a los que sigue siendo relevante. Esto sugiere que este problema puede abordarse efectivamente no comisionando más investigación, sino al asumirse que la mayoría o la totalidad de la solución ya se puede encontrar en varias publicaciones científicas, esperando ser reunida por alguien dispuesto a leer diferentes especialidades. [...] Nuestro apetito por la vitalidad creativa requiere la violencia o la exasperación de otra vanguardia con sus agotadores imperativos de matar al padre, ¿o podríamos estar mejor ratificando el éxtasis de la influencia –y al profundizar nuestra voluntad de entender qué es común y atemporal en los métodos y motivos disponibles para los artistas?" (Lethem, "The Ecstasy of Influence", 67) (énfasis en la fuente); esta falta de manifiesto que observo en la obra de Jacques parece ser una característica del arte contemporáneo: "Como dijo el filósofo Arthur Danto, frente a la situación en la que nos encontramos no hay más reglas definidas que seguir, o manifiestos que defender, en la producción artística, lo que hace con que el pastiche realmente sea una característica del arte posmoderno" (Miranda Barros, "Pastiche versus plágio na literatura").

por la idea de los remixes, de traer para la literatura una herramienta de la música, que hace con que la literatura misma recupere su lugar de arte de su tiempo. Por ejemplo, en un escándalo real, la escritora alemana Helene Hegemann fue sorprendida por insertar pasajes ajenos en su primera novela. Como defensa, se posicionó al decir: "De todas formas, no existe la originalidad, solo la autenticidad".[24] Marcelo Vinicius Miranda Barros plantea una serie de escándalos, o casi escándalos literarios, de lo que él llama preferentemente de pastiche; incluye el de Hegemann, y recuerda el caso de la escritora brasileña Ana Miranda, acusada a principios de la década de 1990 de copiar extractos del libro del padre Antonio Vieira. Se defendió diciendo: "Cuando escribo con mis palabras, no hay sentido ponerlas entre comillas. De

---

24   Kulish, "Author, 17, Says It's 'Mixing,' Not Plagiarism"; esta frase, junto a la referencia de la noticia de autoría de Kulish, también fue utilizada en: Lopes de Barros, *The Artist among Ruins*, 55; Miranda Barros menciona esta frase en otra traducción (realizada del alemán al portugués por Marcelo Backes): "*A originalidade de qualquer modo não existe, apenas a genuinidade*" (Miranda Barros, "Pastiche *versus* plágio na literatura") (Graf, "A literatura nas fronteiras do copyright").

lo contrario, el libro estaría lleno de notas, todo es un detalle. No es un trabajo científico, es un trabajo ficcional".[25]

¿Estaría Jacques solo plagiando el acto de plagio de Ana Miranda? ¿Sería Jacques no un escritor, digamos, verdadero, sino solo un personaje de escritor que se presenta en ferias literarias, en programas de televisión y a este cineasta, construyendo su propia historia de vida como una novela basada o copiada de las experiencias ajenas? En otras palabras: ¿sería Jacques un invento de escritor que escribe copiando a otros escritores? ¿Cuáles serían los "límites entre la realidad y la ficción" dentro de la historia de vida y las historias de libros de Jacques? -algo que he intentado explorar tímidamente en *Ménage literário*, sin la profundidad del exprofesor del MIT, Joe Gibbons, fuente de las palabras, entre comillas, que una vez se usaron para definir su propia obra y cuyo "acto de *performance*" fue robar un banco, lo que lo

---

25   Miranda Barros, "Pastiche *versus* plágio na literatura".

llevó a ser encerrado por el sistema judicial de los Estados Unidos por un tiempo considerable.[26]

También concluyo paradójicamente. Aunque el tema del cuento puede parecer ligeramente desplazado a alguien más comprometido con las cuestiones de identidad, sus métodos son muy actuales, y la película, al fin y al cabo, y con la ayuda de Jacques, equilibra las cosas sobre los temas de identidad. Quien quiera, puede y también debe gozar con el escritor (?) que disfruta sus churros sin miedo ni piedad. Ahí está él: entre la vanguardia y la no vanguardia, entre la ficción y lo documental, entre lo común y lo escandaloso que siempre surge en mayor o menor medida de lo erótico y de lo ilegal.[27]

---

26   Remnick, "Filmmaker Joe Gibbons Gets a Year in Prison for a Robbery He Called Performance Art".

27   Esta última frase es un pastiche del último párrafo del ensayo de Silviano Santiago, "O entre-lugar no discurso latino-americano" (26).

REFERENCIAS

Borges, Jorge Luis. "Pierre Menard, autor del Quijote". En *Ficciones*. Caracas: Biblioteca Ayacucho, 1986.

Calcanhotto, Adriana. "Senhas". Pista A1 en *Senhas*. São Paulo: Sony Music, grabado en 1992. Vinilo.

Cuenca, Daniel. *El Norte tampoco existe: First-and-Third-World as Show (Essays on the Epistemology of the Spectacle from Guy Debord, Santiago Álvarez, Gregory Nava and Arthur Tuoto, 1965-2016)*. Tesis de Doctorado, Boston University, 2019.

Fux, Jacques. "Ménage à trois". Traducción de Melissa Boëchat. En *Ménage Literário/Literary Ménage/Ménage Literario*. Belo Horizonte: Relicário Edições, 2020.

_____. Correspondencia con el autor, agosto de 2019.

Graf, Jürgen. "A literatura nas fronteiras do copyright". Traducción de Marcelo Backes. *Humboldt*, 2010, http://www.goethe.de/wis/bib/prj/hmb/the/154/pt6571975.htm.

Kulish, Nicholas. "Author, 17, Says It's 'Mixing,' Not Plagiarism". *New York Times*, 11 de febrero de 2010, https://www.nytimes.com/2010/02/12/world/europe/12germany.html.

Lethem, Jonathan. "The Ecstasy of Influence: A Plagiarism". *Harper's Magazine*, febrero de 2007, 59-71, https://archive.harpers.org/2007/02/pdf/Harpers Magazine-2007-02-0081387.pdf.

Lopes de Barros, Rodrigo. *The Artist among Ruins: Connecting Catastrophes in Brazilian and Cuban Cinema, Painting, Sculpture and Literature*. Tesis de Doctorado, UT Austin, 2013, http://hdl.handle.net/2152/33413.

Miranda Barros, Marcelo Vinicius. "Pastiche versus plágio na literatura". *Revista Sísifo*, v. 1, n. 1 (Mayo: 2015), http://www.revistasisifo.com/p/revista-sisifo-feira-de-santana-v.html.

Oquendo B., Catalina. "Pablo Katchadjian, el escritor argentino enjuiciado por haber 'engordado' con 5.600 palabras 'El Aleph', una de las grandes obras de Jorge Luis Borges". *BBC*, 30 de noviembre de 2016, https://www.bbc.com/mundo/noticias-38145698.

Reis, Leandro. "Recriação de Borges abre debate". *Gazeta Online*, 13 de julio de 2015, https://www.gazetaonline.com.br/entretenimento/famosos/2015/07/recriacao-de-borges-abre-debate-1013902439.html.

Remnick, Noah. "Filmmaker Joe Gibbons Gets a Year in Prison for a Robbery He Called Performance Art". *New York Times*, 13 de julio de 2015, https://www.nytimes.com/2015/07/14/nyregion/filmmaker-joe-gibbons-gets-a-year-in-prison-for-a-robbery-he-called-performance-art.html.

Santiago, Silviano. "O entre-lugar no discurso latino-americano". En *Uma literatura nos trópicos: ensaios sobre dependência cultural*. Rio de Janeiro: Rocco, 2000.

Wallace, David Foster. "Roger Federer as Religious Experience". *New York Times*, 20 de agosto de 2006, https://www.nytimes.com/2006/08/20/sports/playmagazine/20federer.html.

Woodward, Ian & Michael Emmison. "From Aesthetic Principles to Collective Sentiments: The Logics of Everyday Judgements of Taste". *Poetics*, v. 29, n. 6 (Diciembre: 2001): 295-316, https://doi.org/10.1016/S0304-422X(00)00035-8.

FILME | FILM | PELÍCULA

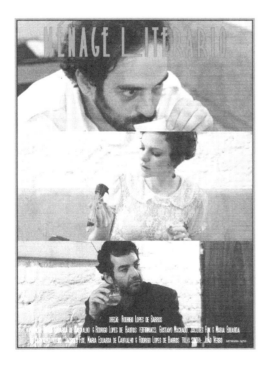

https://youtu.be/NX35-4vWwEg

AUTORES | AUTHORS | AUTORES

JACQUES FUX é matemático, mestre em Computação, doutor e pós-doutor em Literatura. Foi pesquisador na Universidade de Harvard (2012-2014). Autor dos romances: *Antiterapias* (Scriptum, 2012) – Prêmio São Paulo; *Brochadas: confissões sexuais de um jovem escritor* (Rocco, 2015) – Prêmio Nacional Cidade de Belo Horizonte; *Meshugá: um romance sobre a loucura* (José Olympio, 2016) – Prêmio Manaus de Literatura; e *Nobel* (José Olympio, 2018). Autor dos ensaios *Literatura e Matemática: Jorge Luis Borges, Georges Perec e o OULIPO* (Perspectiva, 2016) – Prêmio Capes de Melhor Tese de Letras e Linguística do Brasil em 2010 e finalista do Prêmio APCA; e *Georges Perec: a psicanálise nos jogos e traumas de uma criança de guerra* (Relicário, 2019). Publicou também um livro infantil: *O enigma do infinito* (Positivo, 2019) – manuscrito finalista do Prêmio Barco a Vapor 2016. Seus livros foram traduzidos para o italiano, o espanhol e o hebraico. Atualmente é professor na EMGE.

RODRIGO LOPES DE BARROS é crítico, cineasta, escritor e atualmente Professor Assistente de Estudos Latino-Americanos na Universidade de Boston. É graduado em Direito e mestre em Teoria Literária pela Universidade Federal de Santa Catarina (título obtido com o apoio financeiro do CNPq), e doutor em Literatura Hispânica pela Universidade do Texas em Austin, com trabalho nos campos das culturas cubana e brasileira. Fez pós-doutorado pela Universidade de São Paulo com uma bolsa da FAPESP e foi docente convidado em Harvard e na Universidade Federal do Espírito Santo. Dirigiu o documentário *Chacal: proibido fazer poesia*, pelo qual recebeu o Prêmio de Mérito Cinematográfico da Associação de Estudos Latino-Americanos (LASA). Foi coorganizador do livro *Ruinologias: ensaios sobre destroços do presente*. Como escritor, foi um dos vencedores do Concurso Cultural "Caderno 2" nos 450 anos de São Paulo, promovido pelo jornal *O Estado de São Paulo*.

JACQUES FUX is a mathematician. He has a master's degree in computer science and a Ph.D. and postdoctoral studies in literature. He was a visiting scholar at Harvard University (2012-2014) and is the author of the novels *Antiterapias* (Scriptum, 2012), winner of the São Paulo Prize for Literature; *Brochadas: confissões sexuais de um jovem escritor* (Rocco, 2015), winner of the Belo Horizonte National Prize; *Meshugá: um romance sobre a loucura* (José Olympio, 2016), winner of the Manaus Prize for Literature; and *Nobel* (José Olympio, 2018). He is also the author of the following books of essays: *Literatura e Matemática: Jorge Luis Borges, Georges Perec e o OULIPO* (Perspectiva, 2016), winner of the 2010 Capes Prize for Best Brazilian Dissertation in the fields of literature and linguistics and finalist for the APCA Award; and *Georges Perec: a psicanálise nos jogos e traumas de uma criança de guerra* (Relicário, 2019). Fux has also published a children's book, *O enigma do infinito* (Positivo, 2019), whose manuscript was a finalist for the Barco a Vapor Prize in 2016. His books have been translated into Italian, Spanish, and Hebrew. He currently teaches at EMGE.

RODRIGO LOPES DE BARROS is a scholar, filmmaker, writer, and currently an assistant professor of Latin American studies at Boston University. He has a bachelor's degree in law and a master's degree in literary theory from the Federal University of Santa Catarina, the latter with a fellowship from CNPq (the Brazilian National Council for Scientific and Technological Development). He received a Ph.D. in Hispanic literature from The University of Texas at Austin with his work in the fields of Cuban and Brazilian cultures. He was a postdoctoral fellow at the University of São Paulo with a fellowship from FAPESP, and was invited to visiting positions at Harvard University and the Federal University of Espírito Santo. Lopes de Barros directed the documentary *Chacal: Forbidden to Write Poetry*, for which he received the Award of Merit in Film from the Latin American Studies Association (LASA). He co-edited the book *Ruinologias: ensaios sobre destroços do presente*. As a literary writer, he was among the winners of Cultural Contest "Caderno 2" in the 450 Years of São Paulo by the newspaper *O Estado de São Paulo*.

JACQUES FUX es matemático, tiene una maestría en Informática y un doctorado y posdoctorado en Literatura. Además, fue investigador en la Universidad de Harvard (2012-2014). Es autor de las novelas: *Antiterapias* (Scriptum, 2012) – Premio São Paulo; *Brochadas: confissões sexuais de um jovem escritor* (Rocco, 2015) – Premio Nacional de la Ciudad de Belo Horizonte; *Meshugá: um romance sobre a loucura* (José Olympio, 2016) – Premio Manaus de Literatura; y *Nobel* (José Olympio, 2018). Autor de los ensayos *Literatura e Matemática: Jorge Luis Borges, Georges Perec e o OULIPO* (Perspectiva, 2016) – Premio Capes a la Mejor Tesis de Letras y Lingüística de Brasil en 2010 y finalista del Premio APCA; y *Georges Perec: a psicanálise nos jogos e traumas de uma criança de guerra* (Relicário, 2019). También publicó un libro infantil: *O enigma do infinito* (Positivo, 2019), manuscrito finalista del Premio Barco a Vapor 2016. Sus libros han sido traducidos al italiano, español y hebreo. Actualmente es profesor en la EMGE.

RODRIGO LOPES DE BARROS es un crítico, cineasta, escritor, y actualmente Profesor Asistente de Estudios Latinoamericanos en la Universidad de Boston. Tiene una licenciatura en Derecho, una maestría en Teoría Literaria por la Universidad Federal de Santa Catarina cursada con una beca del CNPq (Consejo Nacional de Desarrollo Científico y Tecnológico) y un doctorado en Literatura Hispánica por la Universidad de Texas en Austin, con un trabajo desarrollado en los campos de las culturas cubana y brasileña. Fue investigador postdoctoral en la Universidad de São Paulo con una beca de la FAPESP y fue invitado como docente por la Universidad de Harvard y la Universidad Federal del Espírito Santo. Dirigió el documental *Chacal: prohibido hacer poesía*, por el cual recibió el Premio de Mérito Cinematográfico de la Asociación de Estudios Latinoamericanos (LASA). Es coeditor del libro *Ruinologias: ensaios sobre destroços do presente*. Como escritor, fue uno de los ganadores del Concurso Cultural "Caderno 2" en los 450 años de São Paulo promovido por el periódico *O Estado de São Paulo*.

1ª edição [2020]

Esta obra foi composta em Sentinel e SF Movie Poster
sobre papel Pólen Bold 90 g/m^2 para a Relicário Edições.